독자의 1초를 아껴주는 정성!

세상이 아무리 바쁘게 돌아가더라도
책까지 아무렇게나 빨리 만들 수는 없습니다.
인스턴트 식품 같은 책보다는
오래 익힌 술이나 장맛이 밴 책을 만들고 싶습니다.

길벗이지톡은 독자여러분이
우리를 믿는다고 할 때 가장 행복합니다.
나를 아껴주는 어학도서,
길벗이지톡의 책을 만나보십시오.

독자의 1초를 아껴주는
정성을 만나보십시오.

미리 책을 읽고 따라해본 2만 베타테스터 여러분과
무따기 체험단, 길벗스쿨 엄마 2% 기획단,
시나공 평가단, 토익 배틀, 대학생 기자단까지!
믿을 수 있는 책을 함께 만들어주신 독자 여러분께 감사드립니다.

(주)도서출판 길벗 www.gilbut.co.kr
길벗 스쿨 www.gilbutschool.co.kr

천만 명이 선택한 영어 표현

Cake English

초판 발행 · 2021년 4월 10일

지은이 · 케일린 신
발행인 · 이종원
발행처 · (주)도서출판 길벗
브랜드 · 길벗이지톡
출판사 등록일 · 1990년 12월 24일
주소 · 서울시 마포구 월드컵로 10길 56(서교동)
대표전화 · 02)332-0931 | **팩스** · 02)323-0586
홈페이지 · www.gilbut.co.kr | **이메일** · eztok@gilbut.co.kr

기획 및 책임편집 · 신혜원(madonna@gilbut.co.kr) | **디자인** · 황애라
제작 · 이준호, 손일순, 이진혁 | **영업마케팅** · 김학흥, 장봉석
웹마케팅 · 이수미, 최소영 | **영업관리** · 김명자, 심선숙 | **독자지원** · 송혜란, 윤정아

편집진행 · 김해리 | **전산편집** · 연디자인 | **녹음 편집** · 와이알미디어
CTP 출력 및 인쇄 · 북토리 | **제본** · 신정제본

ISBN 979-11-6521-469-2 (길벗 도서번호 301086)
정가 15,000원

독자의 1초까지 아껴주는 정성 길벗출판사

(주)도서출판 길벗 | IT실용, IT/일반 수험서, 경제경영, 취미실용, 인문교양(더퀘스트), 교과서 gilbut.co.kr
길벗이지톡 | 어학단행본, 어학수험서 gilbut.co.kr
길벗스쿨 | 국어학습, 수학학습, 어린이교양, 주니어 어학학습 gilbutschool.co.kr

페이스북 · www.facebook.com/gilbuteztok
네이버 포스트 · http://post.naver.com/gilbuteztok
유튜브 · https://www.youtube.com/gilbuteztok

천만 명이
선택한
영어 표현

케일린 신 지음

길벗
이지:톡

8천 만이 사랑한 표현으로
가장 실용적이고, 가장 트렌디한 영어를 배운다!

영어 공부하기 정말 편해진 시대입니다. 어학연수를 가거나 영어회화 학원에 다니는 것이 최선이었던 예전과는 달리, 요즘은 화상 영어 프로그램이나 유튜브, 각종 앱에서 원어민과 소통하며 영어를 배우는 콘텐츠를 쉽게 접할 수 있습니다. 영어 정보의 홍수라고 해도 과언이 아니죠.

그런데 정보가 과잉되어 나타나는 부작용도 있습니다. 실제로 잘 안쓰는 표현이나 어색한 표현, 잘못된 정보까지 여과 없이 받아들이게 된다는 점이죠. 넘치는 정보를 어떻게 활용하여 학습해야 할지 막막하기도 합니다.

전 세계 8천 만이 선택한 유용한 표현을 골라 담았습니다!

이 책은 누적 다운로드 8천 만, 영어 학습 부동의 1위 앱 '케이크'에서 유용한 표현을 엄선했습니다. '케이크'는 원어민들이 자주 사용하는 유용한 표현을 다양하고 재미있는 영상 클립으로 배울 수 있는 영어 학습 애플리케이션으로, 매일 새로운 콘텐츠가 업데이트되고 있습니다.

이미 한차례 엄선된 '케이크'의 13,000개 표현에서 ❶ 가장 조회수가 높은 표현 ❷ 가장 유용한 표현 ❸ 가장 트렌디한 표현을 중심으로 한 번 더 베스트 표현들만 뽑았습니다. 핵심 표현을 익히고, 대화문으로 확장하고, 여러 상황에서 응용하는 체계적인 학습 장치를 통해 학습 효과를 높여보세요.

케이크 앱과 함께 학습하면 더 효과적입니다!

책으로 학습을 끝냈다면 앱을 활용해서 학습을 마무리해보세요. 영상을 보며 무한 반복으로 듣고 따라 하는 드릴 훈련부터 AI 발음 교정, 리스닝 훈련까지 무료로 학습할 수 있습니다.

영어 정보의 홍수에서 허우적거리고 있다면, 알아서 선별해주고, 알아서 이끌어주는 학습으로 영어회화를 정복해보세요!

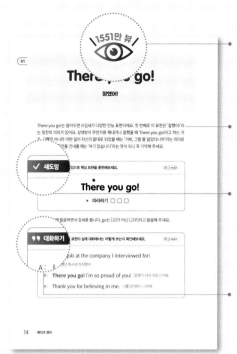

• '케이크' 영상의 조회수를 표시했습니다.

• 핵심 표현에 대한 간단한 설명을 담았습니다.

• **섀도잉**
들리는 대로 즉시 따라하는 섀도잉 훈련으로 핵심 표현을 3번 반복하세요.

• **대화하기**
핵심 표현을 활용한 실제 대화문입니다. 문맥 속에서 표현의 어감을 파악하세요.

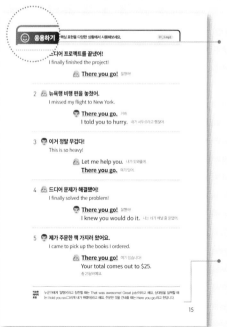

• **응용하기**
다양한 상황에서 핵심 표현의 어감을 파악해보세요. 처음에는 눈으로 읽고, 그다음에는 오디오를 들으며 따라 해보세요.

• 핵심 표현과 비슷한 의미의 표현을 알아봅니다.

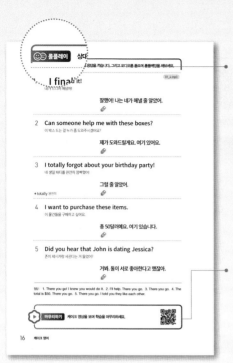

롤플레이

핵심 표현을 활용하여, 상대의 말에 대한 응답을 먼저 적어보세요. 표현을 숙지한 후에는, 오디오를 들으며 롤플레이를 해보세요.

QR코드를 찍으면 '케이크'의 해당 영상으로 연결됩니다. 스피킹 훈련으로 학습을 마무리해보세요.

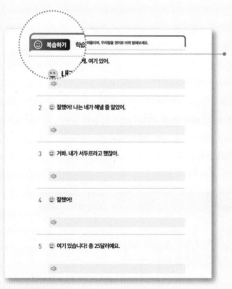

다음 과를 학습하기 전에 학습한 내용을 복습해보세요. 상대의 말에 알맞은 응답을 영어로 말해보세요.

오디오 파일은 이렇게 활용하세요.

예문 mp3 파일　예문 mp3파일은 길벗 홈페이지(www.gilbut.co.kr)에서 무료로 다운로드 할 수 있습니다.

QR코드　각 단원을 마무리 단계의 QR코드를 찍으면 케이크 앱으로 자동 연결됩니다.

마무리하기 케이크 영상을 보며 학습을 마무리하세요.

* 먼저 '케이크' 앱을 설치해주세요.
* 기본 카메라나 QR코드 리더기로 QR 코드를 스캔하면 케이크 앱으로 자동 연결됩니다.

1단계 | 표현 학습

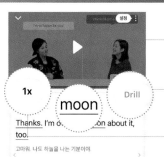

- 영상에서 뽑은 핵심 표현을 따라해봅니다.

- 드릴 기능을 켜면 자동으로 반복 재생 됩니다.

- 속도를 조절해서 들을 수 있어요.

2단계 | 말하기 A레벨에 도전

- 핵심 표현을 녹음하면 AI가 점수를 알려줍니다. A레벨이 나올 때까지 연습해보세요.

3단계 | 리스닝 퀴즈 도전

표현을 듣고 문장을 완성하는 리스닝 퀴즈로 학습을 마무리하세요.

목 차

01

There you go!

잘했어!

There you go!는 알아두면 쓰임새가 다양한 만능 표현이에요. 첫 번째로 이 표현은 '잘했어!'라는 칭찬의 의미가 있어요. 상대방이 무언가를 해내거나 잘했을 때 There you go!라고 하는 거죠. 그뿐만 아니라 어떤 일이 자신의 말대로 되었을 때는 '거봐, 그럴 줄 알았다니까'라는 의미로도 사용돼요. 물건을 건네줄 때는 '여기 있습니다'라는 뜻이 되니 꼭 기억해 주세요.

| ✔ 섀도잉 | 섀도잉으로 핵심 표현을 훈련해보세요. | 01_1.mp3 |

There you go!

▶ 따라하기 ☐ ☐ ☐

There를 길게 발음하면서 강세를 줍니다. go는 [고]가 아닌 [고우]라고 발음해 주세요.

| 💬 대화하기 | 핵심 표현이 실제 대화에서는 어떻게 쓰는지 확인해보세요. | 01_2.mp3 |

A : I got a job at the company I interviewed for!
인터뷰했던 회사에 취직했어!

B : **There you go!** I'm so proud of you! 잘했어! 네가 자랑스러워!

A : Thank you for believing in me. 나를 믿어줘서 고마워.

1   드디어 프로젝트를 끝냈어!
I finally finished the project!

There you go! 잘했어!

---

2   뉴욕행 비행 편을 놓쳤어.
I missed my flight to New York.

There you go. 거봐.
I told you to hurry. 내가 서두르라고 했잖아.

---

3   이거 정말 무겁다!
This is so heavy!

Let me help you. 내가 도와줄게.
There you go. 여기 있어.

---

4   드디어 문제가 해결됐어!
I finally solved the problem!

There you go! 잘했어!
I knew you would do it. 나는 네가 해낼 줄 알았어.

---

5   제가 주문한 책 가지러 왔어요.
I came to pick up the books I ordered.

There you go! 여기 있습니다!
Your total comes out to $25.
총 25달러예요.

비슷한 의미의 표현   누군가에게 '잘했어'라고 칭찬할 때는 That was awesome! Great job!이라고 해요. 상대방을 질책할 때는 I told you so.(그러게 내가 뭐랬어)라고 해요. 주문한 것을 건네줄 때는 Here you go.라고 한답니다.

15

01_4.mp3

1 I finally did it!
내가 드디어 해냈어!

잘했어! 나는 네가 해낼 줄 알았어.

---

2 Can someone help me with these boxes?
이 박스 드는 걸 누가 좀 도와주시겠어요?

제가 도와드릴게요. 여기 있어요.

---

3 I totally forgot about your birthday party!
네 생일 파티를 완전히 깜빡했어!

그럴 줄 알았어.

＊totally 완전히

---

4 I want to purchase these items.
이 물건들을 구매하고 싶어요.

총 50달러예요. 여기 있습니다.

---

5 Did you hear that John is dating Jessica?
존이 제시카랑 사귄다는 거 들었어?

거봐. 둘이 서로 좋아한다고 했잖아.

정답 : 1. There you go! I knew you would do it. 2. I'll help. There you go. 3. There you go. 4. The total is $50. There you go. 5. There you go. I told you they like each other.

 **마무리하기** 케이크 영상을 보며 학습을 마무리하세요.

1　☺ **내가 도와줄게. 여기 있어.**

🔊

2　☺ **잘했어! 나는 네가 해낼 줄 알았어.**

🔊

3　☺ **거봐. 내가 서두르라고 했잖아.**

🔊

4　☺ **잘했어!**

🔊

5　☺ **여기 있습니다! 총 25달러예요.**

🔊

정답： 1. Let me help you. There you go.　2. There you go! I knew you would do it.　3. There you go. I told you to hurry.　4. There you go!　5. There you go! Your total comes out to $25.

02

Can I get a double macchiato to go, please?

더블 샷 마키아토 한 잔 테이크아웃으로 주시겠어요?

우리는 음식을 포장해서 나갈 때 'take out(테이크아웃)'이라고 하지만, 북미권에서는 주로 to go라고 해요. 그래서 Can I get a double macchiato to go, please?라고 하면 '더블 샷 마키아토 한 잔 테이크아웃으로 주시겠어요?'라는 의미가 돼요. a double macchiato 대신 다른 음식을 넣으면 그 음식을 포장해서 간다는 의미가 되니 일상생활에서 꼭 활용해 보세요.

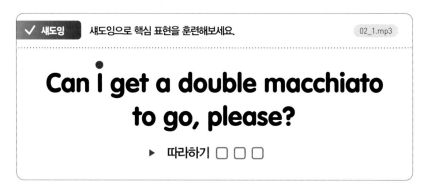

✓ 섀도잉   섀도잉으로 핵심 표현을 훈련해보세요.   02_1.mp3

Can I get a double macchiato to go, please?

▶ 따라하기 ☐ ☐ ☐

macchiato는 두 번째 a에 강세가 있어 [마아키아로우]라고 발음해요. 이때 t는 [ㄹ] 소리로 발음하면 자연스러워요.

💬 대화하기   핵심 표현이 실제 대화에서는 어떻게 쓰는지 확인해보세요.   02_2.mp3

A : What can I get you, sir?   손님, 무엇을 드릴까요?

B : **Can I get a double macchiato to go, please?**
더블 샷 마키아토 한 잔 테이크아웃으로 주시겠어요?

A : OK. That's $5.50.   네. 5달러 50센트입니다.

1　 **여기서 드시나요, 테이크아웃하시나요?**
For here or to go?

　　　　　 To go, please.
　　　　　테이크아웃 해주세요.

2　 **어떤 음료로 드릴까요?**
What would you like to drink?

　　　　　 An Americano to go, please.
　　　　　아메리카노 테이크아웃 해주세요.

3　 **무엇을 도와드릴까요?**
What can I do for you?

　　　　　 Can I get the leftovers to go?
＊leftovers 남은 음식　　　남은 음식을 가져가도 될까요?

4　 **어떻게 도와드릴까요?**
How can I help you?

　　　　　 Can you please get me a to-go burger?
　　　　　버거 하나 포장해 주시겠어요?

5　 **여기서 먹어도 되나요?**
Can I eat here?

　　　　　 You have to get it to go.
　　　　　테이크아웃 하셔야 돼요.

비슷한 의미의 표현　'여기서 드시겠어요, 아니면 가지고 가시겠어요?'라고 할 때 북미권에서는 For here or to go?라고 하지만, 영국에서는 Eat in or take away?라고 해요.

02_4.mp3

1　Can I place an order to go?

테이크아웃으로 주문할 수 있나요?

물론이죠. 어떤 것을 포장해 드릴까요?

＊place an order 주문하다

2　How can I help you?

어떻게 도와드릴까요?

타코 하나랑 부리토 두 개 포장해 주세요.

3　Do you want a drink with that?

음료도 필요하신가요?

아니요. 버거와 감자튀김만 포장해 주세요.

4　Are you done with the food?

다 드신 건가요?

남은 음식을 싸가도 될까요?

5　What else is good about Korea?

한국의 어떤 점이 또 좋아요?

모든 음식을 테이크아웃 할 수 있어요.

정답: 1. Of course. What would you like to go? 2. One taco and two burritos to go, please. 3. No. Just the burger and fries to go, please. 4. Can I get the leftovers to go? 5. You can get everything to go.

　케이크 영상을 보며 학습을 마무리하세요.

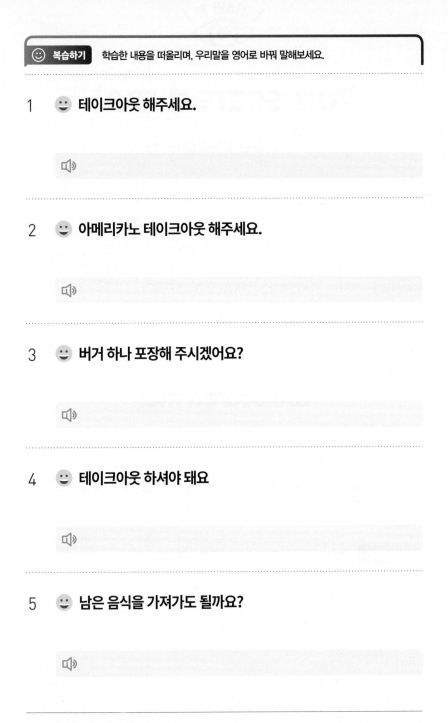

1　😊 테이크아웃 해주세요.

🔊

2　😊 아메리카노 테이크아웃 해주세요.

🔊

3　😊 버거 하나 포장해 주시겠어요?

🔊

4　😊 테이크아웃 하셔야 돼요

🔊

5　😊 남은 음식을 가져가도 될까요?

🔊

정답 : 1. To go, please.　2. An Americano to go, please.　3. Can you please get me a to-go burger?
4. You have to get it to go.　5. Can I get the leftovers to go?

03

You scared me!

너 때문에 놀랐잖아!

어두운 곳에서 누군가가 갑자기 툭 튀어나오면 깜짝 놀라겠죠? 그때 쓸 수 있는 표현이 바로 You scared me!예요. 직역하면 '너는 나를 놀라게 했다!'이지만, 자연스럽게 '깜짝이야!', '놀랐잖아!'라고 해석할 수 있어요. scare는 동사로 누군가를 '놀라게 하다'라는 뜻이지만, 형용사 scared는 '무서워하는', '겁먹은'이라는 의미라는 점 기억해 주세요.

✓ 섀도잉 섀도잉으로 핵심 표현을 훈련해보세요. 03_1.mp3

You scared me!

▶ **따라하기** ☐ ☐ ☐

---

scared의 c는 원래 [k] 발음이지만, 실제로 원어민들은 [ㄲ]에 가깝게 발음해요. scared의 d는 거의 들리지 않도록 약하게 발음해 주세요.

💬 대화하기 핵심 표현이 실제 대화에서는 어떻게 쓰는지 확인해보세요. 03_2.mp3

A : Boo! 왁!

B : Oh my gosh! **You scared me!**
어머! 놀랐잖아!

A : Haha. I got you. 하하. 걸려들었다.

---

1 야!
Hey!

You scared me! 놀랐잖아!

2 으악!
Argh!

Sorry. **Did I scare you?**
미안. 나 때문에 놀랐어?

3 자기야, 농담이었어.
Honey, it was a joke.

You call that a joke? 그걸 장난이라고 한 거야?
You scared me! 너 때문에 놀랐잖아!

4 나 어때?
How do I look?

You're going to scare many children in that costume.
많은 아이들이 그 복장을 보면 놀랄 거야.

5 새 직장은 어때?
How's your new job?

I'm really scared of my boss.
나는 내 상사가 너무 무서워.

비슷한 의미의 표현 You scared me!에서 scare은 '겁먹게 하다', '놀라게 하다'라는 의미인데요. 비슷한 표현으로 You startled me!가 있어요. 이때 startle은 '깜짝 놀라게 하다'라는 뜻이에요.

롤플레이 상대의 말에 대한 응답을 적습니다. 그리고 오디오를 들으며 롤플레잉을 해보세요.

03_4.mp3

1 **Boo!**
   왁!

   너 때문에 진짜 놀랐잖아!

2 **Aaahh!**
   으악!

   미안해. 너를 놀라게 하려던 건 아니었어.

3 **You look so worried.**
   너 걱정이 많아 보여.

   나는 직장을 잃을까 봐 두려워.

4 **How do you like my costume?**
   내 의상 어때?

   아이들이 무서워할 거야.

5 **What are you scared of the most?**
   넌 뭐가 제일 무서워?

   나는 벌이 무서워.

정답: 1. You really scared me! 2. I'm sorry. I didn't mean to scare you. 3. I'm scared I might lose my job. 4. The kids will be scared. 5. I'm scared of bees.

 **마무리하기** 케이크 영상을 보며 학습을 마무리하세요.

1　☺ 놀랐잖아!

🔊

2　☺ 미안. 나 때문에 놀랐어?

🔊

3　☺ 나는 내 상사가 너무 무서워.

🔊

4　☺ 그걸 장난이라고 한 거야? 너 때문에 놀랐잖아!

🔊

5　☺ 많은 아이들이 그 복장을 보면 놀랄 거야.

🔊

정답: 1. You scared me! 2. Sorry. Did I scare you? 3. I'm really scared of my boss. 4. You call that a joke? You scared me! 5. You're going to scare many children in that costume.

It worked!

효과가 있었어!

work는 '일하다'라는 의미로 가장 많이 쓰이지만, 무언가가 효과가 있거나 잘 될 때도 사용하는 동사예요. 예를 들어 옷에 주스를 쏟아 더러워졌는데 비누칠을 해서 깨끗해졌어요. 이때 It worked!라고 하는 거죠. '됐다!', '효과가 있었어!'라는 의미예요. 이 표현은 주로 내가 원하는 만족스러운 결과가 나왔을 때 사용해요. 이런 표현 하나쯤 기억해 두면 유용하겠죠?

| ✔ 섀도잉 | 섀도잉으로 핵심 표현을 훈련해보세요. | 04_1.mp3 |

It worked!

▶ 따라하기 ☐ ☐ ☐

work는 [월크]라고 발음해요. r을 발음할 때는 혀가 입 천장에 닿지 않아요. 참고로 [워크]라고 하면 '걷다'라는 의미의 walk가 되니 주의해서 발음해 주세요.

| 💬 대화하기 | 핵심 표현이 실제 대화에서는 어떻게 쓰는지 확인해보세요. | 04_2.mp3 |

A : **Thank you for your advice. It worked!**
조언해 줘서 고마워. 효과가 있었어!

B : I'm glad everything worked out well. 다 잘 돼서 다행이야.

A : It's all thanks to you. 다 네 덕분이야.

1 **레시피 시도해 봤어?**
Did you try the recipe?

 It worked! 효과가 있었어!
My mother-in-law was impressed.

*mother-in-law 시어머니/장모
장모님이 감동하셨어.

---

2 **그녀의 마음을 사로잡을 거야.**
I'm going to win her heart.

 I don't think it will work.

*win heart 마음을 얻다
잘 될 것 같지 않아.

---

3 **정말로 되다니 믿을 수가 없어!**
I can't believe it worked!

 I told you it would work!
내가 될 거라고 했잖아!

---

4 **새로 산 샴푸 어때?**
How's the new shampoo?

 It works like magic.
마법처럼 효과가 좋아.

---

5 **내가 이 버튼을 눌러볼까?**
Should I try pressing on these buttons?

 Do you think that will work?
그게 효과가 있을 거라고 생각해?

비슷한
의미의
표현　무언가가 '효과적이었다'라고 할 때 It was very effective.라고도 해요. '성공적이었다'라고 할 때는 It was successful. 혹은 It was a success.라고 한답니다.

04_4.mp3

1　I took your advice and got the job!
네 조언을 듣고 취직했어!

내 조언이 효과가 있었네!

2　You persuaded the CEO?
네가 CEO를 설득한 거야?

응! 내 계획이 효과적이었어.

3　Did you try giving your wife flowers?
아내에게 꽃을 주는 걸 시도해 봤어?

응, 아주 효과적이었어.

4　Why don't you try calling him?
그에게 전화를 해 보는 건 어때?

그게 효과가 있을 거라고 생각해?

5　How about asking for a discount?
할인해달라고 여쭤보는 건 어때?

효과가 있을 것 같지 않아.

정답 : 1. My advice worked!　2. Yes! My plan worked.　3. Yes, it worked very well.　4. Do you think that will work?　5. I don't think it will work.

 마무리하기　케이크 영상을 보며 학습을 마무리하세요.

1 ☺ 내가 될 거라고 했잖아!

🔊

2 ☺ 효과가 있었어! 장모님이 감동하셨어.

🔊

3 ☺ 잘 될 것 같지 않아.

🔊

4 ☺ 마법처럼 효과가 좋아.

🔊

5 ☺ 그게 효과가 있을 거라고 생각해?

🔊

정답 : 1. I told you it would work! 2. It worked! My mother-in-law was impressed. 3. I don't think it will work. 4. It works like magic. 5. Do you think that will work?

Put it down.

내려놔.

put down은 손에 들고 있던 것을 '내려놓다'라는 뜻이에요. 그래서 put it down.이라고 하면 '그것을 내려놔'라는 의미가 돼요. 이때 it은 누군가가 들고 있는 물건을 지칭하는데요. it 같은 대명사는 put과 down의 사이에만 넣어야 해요. Put down it.이라고는 하지 않아요. it 대신 구체적인 물건을 넣을 때는 Put the pen down. Put down the pen.(펜을 내려놔) 모두 가능해요.

✓ 섀도잉 섀도잉으로 핵심 표현을 훈련해보세요.   05_1.mp3

Put it down.

▶ **따라하기** ☐ ☐ ☐

Put의 t는 모음 소리 사이에 있어 [ㄹ] 소리가 되고, it의 t는 down의 d 영향으로 약하게 발음돼요. Put it down.은 [퍼릿데은]이라고 발음해 주세요.

💬 대화하기 핵심 표현이 실제 대화에서는 어떻게 쓰는지 확인해보세요.   05_2.mp3

A : Can I take this to school today?
　　오늘 이거 학교에 가져가도 돼요?

B : No. **Put it down**. 안 돼. 내려놔.

A : Fine. 알았어요.

1 **이 상자를 어디에 둘까?**

Where should I put this box?

 Just put it down on the table.

그냥 탁자에 내려놔.

2 **저는 잘못한 게 없어요.**

I didn't do anything wrong.

 Put down your weapons!

무기를 내려놓으세요!

3 **내 가방은 어디에 둘까?**

Where can I put my bag?

 Don't put it down on the floor.
It's wet. 　바닥에 내려놓지 마. 젖었어.

4 **지금 그에게 전화해도 되나요?**

Can I call him now?

 No, put down the phone.

아니요, 전화기를 내려놓으세요.

5 **내 반지가 어디 갔지?**

Where is my ring?

 Didn't you put it down on your desk?

네 책상에 내려놓지 않았어?

비슷한
의미의
표현　put down은 손에 있는 것을 내려놓는 것이고, take down은 벽에 붙어있는 그림이나 사진을 떼서 내려놓
는다는 의미예요. 그래서 Take down the painting.이라고 하면 '걸려 있는 그림을 떼'라는 의미가 돼요.

05_4.mp3

1 **What should I do with this bag?**
이 가방은 어떻게 할까?

그냥 내려놔.

2 **Do you know where my car key is?**
내 자동차 키가 어디 있는지 알아?

네가 책상 위에 뒀잖아.

3 **Where should I put this newspaper?**
이 신문을 어디에 둘까?

여기에 내려놓아 줄래?

4 **I can't find my phone.**
내 핸드폰을 못 찾겠어.

네가 식탁 위에 놓지 않았어?

5 **It's too heavy.**
이거 정말 무겁다.

잠깐 내려놓는 게 어때?

＊for a while 잠시 동안

정답: 1. Just put it down. 2. You put it down on your desk. 3. Can you put it down here? 4. Didn't you put it down on the kitchen table? 5. Why don't you put it down for a while?

 마무리하기 케이크 영상을 보며 학습을 마무리하세요.

1　☺ 무기를 내려놓으세요!

🔊

2　☺ 그냥 탁자에 내려놔.

🔊

3　☺ 아니요, 전화기를 내려놓으세요.

🔊

4　☺ 바닥에 내려놓지 마. 젖었어.

🔊

5　☺ 네 책상에 내려놓지 않았어?

🔊

정답: 1. Put down your weapons! 2. Just put it down on the table. 3. No, put down the phone. 4. Don't put it down on the floor. It's wet. 5. Didn't you put it down on your desk?

You stay right here.

넌 여기서 딱 기다려.

You stay right here.는 누군가에게 '너 여기서 딱 기다려', '여기 꼼짝 말고 있어'라고 할 때 사용하는 표현이에요. 곧 돌아올 테니 자리를 떠나지 말아 달라는 의미죠. 주로 '네가 여기에 있으면 내가 무언가를 하고 올게'라는 의미를 내포하고 있어요. 참고로 이 문장에서 right는 '바로', '정확히', '꼭'이라는 의미로 강조해 주는 역할을 해요.

| ✔ 섀도잉 | 섀도잉으로 핵심 표현을 훈련해보세요. | 06_1.mp3 |

You stay right here.

▶ 따라하기 ☐ ☐ ☐

이 표현은 주로 right를 강조하지만, 종종 You를 강하게 말하기도 해요. stay의 t는 [ㄸ], right here는 [ㄹ] 소리로 연음되어 stay right here는 [스떼이롸이리어]라고 발음돼요.

| 💬 대화하기 | 핵심 표현이 실제 대화에서는 어떻게 쓰는지 확인해보세요. | 06_2.mp3 |

A : Mom! I need something to drink. 엄마! 마실 거 주세요.

B : OK. **You stay right here.** I'll go get it.
그래. 너는 여기서 딱 기다려. 내가 가서 사 올게.

A : Thanks, Mom. 고마워요, 엄마.

1 🧑 **아빠, 어디 가세요?**

Dad, where are you going?

👨 **You stay right here.** 너는 여기서 딱 기다려.
I'm going to check the train schedule.
내가 기차 시간표 확인하고 올게.

2 👨 **너 어디 가?**

Where are you going?

👩 **You stay right here.** 여기 꼼짝 말고 딱 있어.
I'll be right back. 금방 올게.

3 👩 **여기서 뭐 하니, 꼬마야?**

What are you doing here, little boy?

👦 **My mom told me to stay right here.**
엄마가 저보고 여기서 딱 기다리라고 하셨어요.

4 👨 **어디 있었어? 너를 찾아다녔어.**

Where were you? I was looking for you.

👩 **I was right here the whole time.**
나는 여기에 줄곧 있었어.

5 👩 **내 핸드폰 봤어?**

Have you seen my phone?

👦 **It's right here.** 바로 여기 있어.

비슷한 의미의 표현 여기서 딱 기다리라는 말은 어디에도 가지 말라는 뜻인데요. Don't go anywhere.라고 표현할 수 있어요. Stay put for a while.은 '잠시 거기에 계세요'라는 의미예요.

06_4.mp3

1 **Where are you going?**

어디 가세요?

> 딱 여기 계세요. 우리가 마실 커피 사 올게요.

2 **I just heard someone in the kitchen.**

방금 부엌에서 무슨 소리가 들렸어.

> 너는 여기서 딱 기다려.

3 **Where's the stapler?**

스테이플러 어디에 있어?

> 바로 여기 있어.

4 **What are you planning to do for the holidays?**

휴가 때 뭐 하실 계획이에요?

> 계획 없어요. 저는 여기 딱 있을 거예요.

5 **Have you seen Jihyun?**

지현 씨 봤어요?

> 그녀는 5분 전에 여기 있었어요.

정답: 1. You stay right here. I'm going to get us coffee. 2. You stay right here. 3. It's right here. 4. No plans. I'm going to stay right here. 5. She was right here 5 minutes ago.

 **마무리하기** 케이크 영상을 보며 학습을 마무리하세요.

1 ☺ 여기 꼼짝 말고 딱 있어. 금방 올게.

🔊

2 ☺ 나는 여기에 줄곧 있었어.

🔊

3 ☺ 바로 여기 있어.

🔊

4 ☺ 너는 여기서 딱 기다려.

🔊

5 ☺ 엄마가 저보고 여기서 딱 기다리라고 하셨어요.

🔊

정답 : 1. You stay right here. I'll be right back. 2. I was right here the whole time. 3. It's right here. 4. You stay right here. 5. My mom told me to stay right here.

07

Go back to sleep.

다시 자.

go back은 '뒤로 가다', 원래의 위치로 '돌아가다'라는 뜻이지만, '하던 일을 다시 시작하다'라는 의미도 있어요. 그래서 Go back to sleep.이라고 하면 잠에서 막 깬 사람에게 '다시 자'라는 뜻이 돼요. 이 문장에서 sleep은 동사가 아닌 명사로 '잠'이나 '수면'을 뜻하는데요. 'Go back to + 명사'를 하나의 패턴으로 외워 다양한 상황에서 활용해 보세요.

| ✓ 섀도잉 | 섀도잉으로 핵심 표현을 훈련해보세요. | 07_1.mp3 |

Go back to sleep.

▶ 따라하기 ☐ ☐ ☐

Go는 [고]가 아니라 [고우]라고 발음해야 자연스러워요. sleep은 [이] 발음을 길게 해주세요. 짧게 발음하면 '미끄러지다'라는 표현인 slip이 돼요.

| 💬 대화하기 | 핵심 표현이 실제 대화에서는 어떻게 쓰는지 확인해보세요. | 07_2.mp3 |

A : What time is it? 몇 시야?

B : It's only 6 A.M. **Go back to sleep.**
겨우 오전 6시야. 다시 자.

A : Wake me up at 8. 나 8시에 깨워 줘.

1 너 정말 피곤해 보여.
You look really tired.

I'm going to go back to sleep.
Wake me up when you need me.
나 다시 잘게. 내가 필요할 때 깨워 줘.

2 엄마, 저는 거짓말을 하지 않았어요.
Mom, I didn't lie to you.

Go back to your room! 네 방으로 돌아가!

3 우리가 어디까지 했었지?
Where did we leave off?

I want to go back to chapter 3.
저는 챕터 3으로 돌아가고 싶어요.

4 우리 얘기 좀 할래?
Can we talk?

If it's not urgent, I'm going to go back to sleep. 급한 게 아니면, 난 다시 잘래.

＊urgent 긴급한

5 저희가 얼마나 더 기다려야 하나요?
How much longer do we have to wait?

I'm not sure. **Please go back to your seats and wait.**
저도 잘 모르겠어요. 자리로 돌아가서 기다려 주세요.

비슷한 의미의 표현 Go back to sleep. 대신에 Go back to bed.라고 할 수도 있어요. 침대로 다시 돌아가라는 말 자체가 다시 자라는 뜻이기 때문이에요.

39

07_4.mp3

1　**The baby finally fell asleep.**

　　아기가 드디어 잠이 들었어.

　　　　　　　　　너 이제 다시 자러 가도 돼.

2　**It's pouring outside.**

　　밖에 비가 많이 오네.

　　　　　　　　　우리 방으로 돌아가자.

＊pour (비가) 마구 쏟아지다

3　**I can't understand this chapter.**

　　이 챕터가 이해가 안 돼요.

　　　　　　　　　챕터의 맨 처음으로 돌아가세요.

4　**Where are you going?**

　　어디 가세요?

　　　　　　　　　저는 사무실로 돌아가려고요.

5　**When can we leave?**

　　저희는 언제 가도 되나요?

　　　　　　　　　자리로 돌아가서 제 신호를 기다리세요.

＊signal 신호

정답 : 1. You can go back to sleep now.　2. Let's go back to our rooms.　3. Go back to the beginning of the chapter.　4. I'm going to go back to the office.　5. Please go back to your seats and wait for my signal.

 **마무리하기**　케이크 영상을 보며 학습을 마무리하세요.

1　☺ 나 다시 잘게. 내가 필요할 때 깨워 줘.

🔊

2　☺ 저는 챕터 3으로 돌아가고 싶어요.

🔊

3　☺ 네 방으로 돌아가!

🔊

4　☺ 저도 잘 모르겠어요. 자리로 돌아가서 기다려 주세요.

🔊

5　☺ 급한 게 아니면, 난 다시 잘래.

🔊

정답 : 1. I'm going to go back to sleep. Wake me up when you need me.　2. I want to go back to chapter 3.　3. Go back to your room!　4. I'm not sure. Please go back to your seats and wait.　5. If it's not urgent, I'm going to go back to sleep.

08

I have a lot on my mind.

생각이 너무 많아요.

고민이나 생각이 많아서 머릿속이 복잡할 때가 있죠? 이것을 영어로는 I have a lot on my mind.라고 해요. '생각이 너무 많아', '머리가 복잡해', '고민이 많아'라는 의미예요. mind는 '마음'이나 '정신', '생각'이라는 뜻이 있는데요. 특정한 생각을 뜻하는 thought보다 더 큰 개념의 '생각'이라는 의미랍니다.

| ✓ 섀도잉 | 섀도잉으로 핵심 표현을 훈련해보세요. | 08_1.mp3 |

I have a lot on my mind.

▶ 따라하기 ☐ ☐ ☐

have a는 연음되어 [해v ㅓ]라고 발음돼요. lot on의 경우 원래 [t] 소리로 연음되지만, 빠르게 발음하면 [러런]이라고 들려요.

| 💬 대화하기 | 핵심 표현이 실제 대화에서는 어떻게 쓰는지 확인해보세요. | 08_2.mp3 |

A : You look worried. 너 걱정이 있는 것 같아.

B : **I have a lot on my mind these days because of work.**
요즘 일 때문에 머리가 복잡해.

A : Let me know if I can be of any help.
내가 도와줄 수 있는 게 있으면 말해 줘.

1 수민아! 집중해!
Sumin! Focus!

Sorry, I have a lot on my mind these days. 미안, 내가 요즘 머리가 복잡해.

2 한솔이가 요즘 잘 웃지를 않아.
Hansol hasn't been smiling a lot.

He has a lot on his mind. 그는 고민이 많아.

3 현아한테 무슨 문제 있어?
What's wrong with Hyuna?

Don't bother Hyuna today. 오늘은 현아 건드리지 마.
She has a lot on her mind. 그녀는 걱정이 좀 많아.

4 너 나한테 왜 잘해 주는 거야?
Why are you being so nice?

You look like you have a lot on your mind today. 너 오늘 생각이 많아 보여.

5 나한테 할 말이 있다고?
You wanted to talk to me?

I'm sorry I was so grumpy this morning.
I had a lot on my mind.

＊grumpy 심술이 난 　오늘 아침에 너무 툴툴거려서 미안해. 머리가 복잡했어.

비슷한 의미의 표현 I have a lot on my mind.는 고민거리나 문제에 대해 생각할 것이 많다는 뜻이에요. 그래서 중간에 troubles(문제, 골칫거리)를 넣어 I have a lot of troubles on my mind.라고 해도 비슷한 의미가 돼요.

롤플레이 상대의 말에 대한 응답을 적습니다. 그리고 오디오를 들으며 롤플레잉을 해보세요.

08_4.mp3

1 You look really concerned.
너 걱정이 정말 많아 보여.

나 머리가 복잡해.

* concerned 걱정하는

2 Your dad seems like a different person today.
당신 아버지가 오늘은 다른 사람 같아요.

오늘 생각이 좀 많으셔서 그런가 봐요.

3 What's wrong with Julie today?
오늘 줄리 왜 그래?

그녀는 집안일 때문에 머리가 복잡한 것 같아.

4 I don't think you're concentrating on the presentation.
너 발표에 집중을 안 하는 것 같아.

미안. 오늘 머리가 좀 복잡해.

5 What has happened to that cute smile of yours?
당신의 그 예쁜 미소는 어떻게 된 거예요?

죄송해요. 제가 고민이 많아서요.

정답: 1. I have a lot on my mind. 2. It's because he has a lot on his mind today. 3. I think she has a lot on her mind because of her family. 4. Sorry. I have a lot on my mind today. 5. Sorry. I have a lot on my mind.

 **마무리하기** 케이크 영상을 보며 학습을 마무리하세요.

1   ☺ 그는 고민이 많아.

    🔊

2   ☺ 미안, 내가 요즘 머리가 복잡해.

    🔊

3   ☺ 너 오늘 생각이 많아 보여.

    🔊

4   ☺ 그녀는 걱정이 좀 많아.

    🔊

5   ☺ 머리가 복잡했어.

    🔊

정답: 1. He has a lot on his mind. 2. Sorry, I have a lot on my mind these days. 3. You look like you have a lot on your mind today. 4. She has a lot on her mind. 5. I had a lot on my mind.

09

I prefer to split the bill.

저는 각자 계산하는 걸 더 좋아해요.

한 사람이 전부 계산하지 않고 먹은 것을 각자 부담하는 것을 '더치페이(Dutch pay)'라고 하죠? 그런데 우리가 흔히 사용하는 더치페이는 잘못된 영어 표현이에요. 대신 split the bill이라는 표현을 주로 사용해요. split은 '나누다', bill은 '계산서'라는 뜻인데요. 그래서 I prefer to split the bill.이라고 하면 '나는 각자 계산하는 걸 더 좋아해.'라는 의미가 돼요.

✓ **섀도잉**   섀도잉으로 핵심 표현을 훈련해보세요.   09_1.mp3

I prefer to split the bill.

▶ **따라하기** ☐ ☐ ☐

---

prefer의 p와 f는 확실히 차이가 나도록 발음해 주세요. p는 입술이 닿으면서 나는 소리이고 f는 윗니를 아랫입술에 살짝 댄 상태에서 바람을 내뿜는 소리예요.

💬 **대화하기**   핵심 표현이 실제 대화에서는 어떻게 쓰는지 확인해보세요.   09_2.mp3

A : Should we take turns paying for meals?
   우리 식사 때 매번 돌아가면서 낼까요?

B : **I prefer to split the bill.**   저는 각자 계산하는 걸 더 좋아해요.

A : That's fine, too.   그것도 좋아요.

---

1 **이건 내가 낼게.**

Let me pay for this.

> **I prefer to split the bill.**
>
> 나는 각자 계산하는 게 더 좋아.

---

2 **저녁 값은 누가 낼 거야?**

Who's going to pay for dinner?

> **We're going to split the bill this time.**
>
> 이번에는 우리가 나눠서 낼 거야.

---

3 **그 식당 좀 고급이지?**

That restaurant is high-end, right?

> **Should we split the bill?**

＊high-end 고급의 우리 나눠서 낼까?

---

4 **우리 그냥 나눠서 지불하는 건 어때?**

Why don't we just split the bill?

> **I thought we were splitting the bill.**
>
> 난 우리가 나눠서 낸다고 생각했어.

---

5 **네가 점심 쏠 거야?**

Are you going to pay for lunch?

> **Let's just split the bill.**
>
> 그냥 각자 계산하자.

비슷한
의미의
표현 　Let's pay for our own meals.는 '밥값을 각자 지불하자'라는 의미예요. 하지만 서양에서는 각자 알아서 내는 경우가 많기 때문에 굳이 이 표현을 사용하지 않아도 돼요.

09_4.mp3

1 I'll pay for dinner.
내가 저녁 값 낼게.

그냥 각자 계산하자.

---

2 How should we pay?
우리 계산은 어떻게 할까?

우리가 나눠 낼 거야.

---

3 Should I pay for it?
제가 낼까요?

저는 각자 계산하는 게 더 좋아요.

---

4 I heard John's going to pay for lunch.
존이 점심 값을 낼 거라고 들었어.

아니, 우리가 나눠서 낼 거야.

---

5 Is it Jimin's turn to pay?
이번에 지민이가 쏠 차례인가?

이번에는 그냥 나눠서 내자.

정답: 1. Let's just split the bill. 2. We're going to split the bill. 3. I prefer to split the bill. 4. No, We're going to split the bill. 5. Let's just split the bill this time.

 **마무리하기** 케이크 영상을 보며 학습을 마무리하세요.

1   😊 이번에는 우리가 나눠서 낼 거야.

🔊

2   😊 그냥 각자 계산하자.

🔊

3   😊 난 우리가 나눠서 낸다고 생각했어.

🔊

4   😊 나는 각자 계산하는 게 더 좋아.

🔊

5   😊 우리 나눠서 낼까?

🔊

정답: 1. We're going to split the bill this time. 2. Let's just split the bill. 3. I thought we were splitting the bill. 4. I prefer to split the bill. 5. Should we split the bill?

10

Where did you get it?

어디서 났어?

get은 다양한 의미를 가지고 있지만, 그중에서도 가장 많이 사용되는 의미는 '갖다'예요. Where did you get it?은 직역하면 '너는 그것을 어디에서 갖게 되었니?'인데요. 한마디로 '어디서 났어?'라는 의미예요. 그 물건을 산 건지, 받은 건지, 어떻게 갖게 되었는지 그 출처를 묻는 질문이에요.

✓ 섀도잉　섀도잉으로 핵심 표현을 훈련해보세요.　10_1.mp3

Where did you get it?

▶ **따라하기** ☐ ☐ ☐

did you는 [디드유]가 아니라 [디쥬]라고 연음되어 발음돼요. get의 t 또한 [ㄹ] 소리가 되어 get it을 발음하면 [게릿]이 됩니다.

💬 대화하기　핵심 표현이 실제 대화에서는 어떻게 쓰는지 확인해보세요.　10_2.mp3

A : Look at this bag! 이 가방 좀 봐!

B : It's nice. **Where did you get it?**

　　멋지네. 어디서 났어?

A : My mom gave it to me.　엄마가 나한테 주셨어.

1 며칠 전에 이 셔츠를 새로 샀어.
I got this new shirt the other day.

It looks good on you. 너한테 잘 어울린다.
Where did you get it? 어디서 샀어?

＊the other day 며칠 전에

2 나는 이 크리스마스 장식이 너무 좋아.
I love these Christmas ornaments.

Where did you get them? 어디서 났어?
I want to get them, too. 나도 사고 싶어.

＊ornament 장식품

3 네 선글라스 예쁘다. 이건 내 거야.
I like your sunglasses. These are mine.

Where did you get them? 어디서 났어?
Yours are better than mine.
네 것이 내 것보다 더 좋아.

4 너 새로 나온 스마트폰 봤어?
Did you see the new smartphone that's just come out?

Yeah, I want to get it. 응, 나 그거 갖고 싶어.

5 내가 원하던 그릇을 드디어 샀어.
I finally bought the dishes I wanted.

I'm going to get them, too. 나도 살 거야.

비슷한 의미의 표현 '어디서 샀어?'라고 물을 때 물건이 한 개면 Where did you buy it? 여러 개면 Where did you buy them?이라고 해요. '누가 줬어?'라고 물을 때는 Who gave it to you?라고 해요.

51

1 **Here's a new bag I just got.**

10_4.mp3

내가 새로 갖게 된 가방이 이거야.

정말 멋지다. 어디서 났어?

---

2 **This is a really nice table.**

이거 정말 예쁜 식탁이다.

나도 갖고 싶어.

---

3 **Look at my new ring!**

내 새 반지 좀 봐!

어디서 났어?

---

4 **I got a new dress for the party.**

나 파티 때 입을 새 드레스를 샀어.

나도 드레스를 사야겠어.

---

5 **This is a really awesome car.**

이거 정말 멋진 차다.

너도 살 수 있을 거야.

정답 : 1. It's really nice. Where did you get it?　2. I want to get it, too.　3. Where did you get it?　4. I have to get a dress, too.　5. I think you can get one, too.

 **마무리하기** 　케이크 영상을 보며 학습을 마무리하세요.

1 　😊 **너한테 잘 어울린다. 어디서 샀어?**

🔊

2 　😊 **어디서 났어? 네 것이 내 것보다 더 좋아.**

🔊

3 　😊 **어디서 났어? 나도 사고 싶어.**

🔊

4 　😊 **나도 살 거야.**

🔊

5 　😊 **나 그거 갖고 싶어.**

🔊

정답 : 1. It looks good on you. Where did you get it?　2. Where did you get them? Yours are better than mine.　3. Where did you get them? I want to get them, too.　4. I'm going to get them, too.　5. I want to get it.

11

Don't hang up.

전화 끊지 마.

hang up은 '전화를 끊다'라는 뜻이에요. 그래서 Don't hang up.이라고 하면 '전화 끊지 마'라는 의미가 돼요. 구체적으로 'A가 B의 전화를 끊었다'라고 할 때는 hang의 과거형 hung을 이용해 A hung up on B.라고 해요. 참고로 be hung up on은 '~에 노이로제에 걸리다'라는 뜻이에요. '전화를 끊다'라는 의미로 사용할 때는 be 동사를 쓰지 않는다는 점 기억해 주세요.

✓ **섀도잉**   섀도잉으로 핵심 표현을 훈련해보세요.   11_1.mp3

Don't hang up.

▶ **따라하기** ☐ ☐ ☐

Don't의 t는 소리가 거의 나지 않아요. 그래서 [도운트]가 아니라 [도운은]에 가깝게 발음돼요. 이때 마지막 [은] 소리는 아주 약하게 발음해 주세요.

💬 **대화하기**   핵심 표현이 실제 대화에서는 어떻게 쓰이는지 확인해보세요.   11_2.mp3

A : **Don't hang up.** 전화 끊지 마.

B : I'll call you back. The boss just walked in.
내가 나중에 다시 전화 할게. 상사가 방금 들어왔어.

A : OK. I got it. 그래. 알았어.

1 이제 그만 끊어야 해.

I have to go.

Don't hang up. 전화 끊지 마.

2 너 왜 이렇게 피곤해 보여?

Why do you look so tired?

He wouldn't hang up.

그가 전화를 안 끊었어.

3 그가 그냥 전화를 끊었어.

He just hung up the phone.

I can't believe he hung up on you.

그가 네 전화를 끊어버리다니 이해가 가.

4 그들이 왜 서로 말을 안 해?

Why are they not talking to each other?

Jenny started yelling, so Paul just hung up the phone.

제니가 소리 지르기 시작해서, 폴이 그냥 전화를 끊어버렸어.

5 너 왜 화났어?

Why are you angry?

It's rude to hang up when the other person is talking.

상대방이 말할 때 전화를 끊는 건 무례한 거야.

비슷한 의미의 표현   의도적으로 전화를 끊은 게 아니라면 I got disconnected.(끊겼어)라고 해요. 통화가 잘 들리지 않을 때는 I have bad reception.(수신 상태가 안 좋아) I'm not getting a signal.(신호가 안 잡혀)이라고 해요.

11_4.mp3

1 **It's getting late.**
시간이 늦었어.

이제 전화 끊을게.

2 **You didn't sleep at all?**
너 한숨도 못 잤어?

그녀가 전화를 안 끊었어.

3 **I heard they aren't talking to each other.**
그들이 서로 말을 안 한다고 들었어.

제이슨이 어제 줄리 전화를 끊어버렸대.

4 **Honey, it's already 3 a.m.**
자기야, 벌써 새벽 3시야.

네가 먼저 끊어.

5 **Maybe the reception was bad.**
수신 상태가 별로 안 좋았나봐.

아니, 그가 내 전화를 그냥 끊었어.

＊reception (전화의) 수신 상태

정답: 1. I'm going to hang up now. 2. She wouldn't hang up. 3. Jason hung up on Julie yesterday.
4. You hang up, first. 5. No, he just hung up on me.

  마무리하기 케이크 영상을 보며 학습을 마무리하세요.

1　😊 그가 전화를 안 끊었어.

🔊

2　😊 전화 끊지 마.

🔊

3　😊 그가 네 전화를 끊어버리다니 이해가 안 가.

🔊

4　😊 상대방이 말할 때 전화를 끊는 건 무례한 거야.

🔊

5　😊 제니가 소리 지르기 시작해서, 폴이 그냥 전화를 끊어버렸어.

🔊

정답： 1. He wouldn't hang up.　2. Don't hang up.　3. I can't believe he hung up on you.　4. It's rude to hang up when the other person is talking.　5. Jenny started yelling, so Paul just hung up the phone.

You catch on quick.

눈치가 빠르시네요.

유난히 눈치가 빠르고 이해력이 좋은 사람들이 주변에 한 명씩 있지 않나요? 이러한 사람들에게 쓸 수 있는 좋은 표현이 바로 You catch on quick.이에요. catch에는 무언가를 '잡다'라는 뜻 외에도 '이해하다', '알아듣다'라는 의미가 있어요. 그래서 이 문장은 '너 이해가 빠르구나', '눈치가 빠르시네요'라는 뜻이 돼요.

| ✓ 섀도잉 | 섀도잉으로 핵심 표현을 훈련해보세요. | 12_1.mp3 |

You catch on quick.

▶ **따라하기** ☐ ☐ ☐

---

catch on은 [tʃ] 소리로 연음되어 [캐쳔]이라고 들려요. quick은 [퀵]이라기 보다는 [크윅]이라고 빠르게 발음하는 것이 더 자연스러워요.

| 💬 대화하기 | 핵심 표현이 실제 대화에서는 어떻게 쓰는지 확인해보세요. | 12_2.mp3 |

A : Is this how you do it? 이렇게 하는 거예요?

B : Wow! **You catch on quick!** 우와! 너 이해가 빠르구나!

A : I think it's because I have a great teacher.
좋은 선생님이 계셔서 그런 것 같아요.

---

1 그러니까, 1 더하기 1은 2예요.

So, one plus one is two.

Little Jenny, you catch on quick!

우리 귀여운 제니, 이해가 빠르구나!

2 제니퍼가 요즘 힘들어 보여.

Jennifer looks troubled these days.

Matt, you catch on quick. 매트, 너 눈치가 빠르구나.

She has a lot of problems. 그녀는 골칫거리가 많아.

3 데이비드가 이 프로젝트를 정말 잘 처리할 수 있다고 생각해?

Are you sure David can handle this project?

He catches on quick. 그는 이해가 빨라.

That's why I suggested him. 그래서 내가 그를 추천한 거야.

4 강의를 전혀 이해할 수 없었어.

I couldn't understand the lecture at all.

Me neither, but Kyle caught on really quick. 나도 그래, 근데 카일리는 정말 빨리 이해하더라.

5 그녀가 이걸 배울 수 있을 것 같아?

Do you think she'll be able to learn this?

Don't worry. 걱정하지 마.

She catches on quick. 그녀는 눈치가 빨라.

비슷한 의미의 표현 quick-witted는 '눈치 빠른', '영리한'이라는 뜻이에요. 그래서 She's quick-witted.라고 하면 '그녀는 눈치가 빨라'라는 의미가 돼요. 무언가를 빨리 배운다고 할 때는 You're a quick learner.라고 해요.

12_4.mp3

1 **Does this mean I'm fired?**
제가 해고당했다는 뜻인가요?

맞아요. 눈치가 빠르시네요.

2 **Mom, is four times five twenty?**
엄마, 4 곱하기 5는 20이에요?

맞아. 이해가 빠르구나.

3 **Do you think he'll be able to learn how to do this?**
그가 이렇게 하는 걸 배울 수 있을 것 같아?

걱정하지 마. 그는 이해가 빨라.

4 **I think Jennifer doesn't like me.**
제니퍼가 나를 안 좋아하는 것 같아.

너는 눈치가 정말 빠르구나.

5 **Do you think I'll be able to get a promotion next year?** 내년에 내가 승진을 할 수 있을 것 같아?

너는 눈치가 빨라서 가능할 것 같아.

＊get a promotion 승진하다

정답: 1. That's right. You catch on quick. 2. Right. You catch on quick. 3. Don't worry. He catches on quick. 4. You catch on really quick. 5. I think it's possible since you catch on quick.

 마무리하기 케이크 영상을 보며 학습을 마무리하세요.

1 ☺ 매트, 너 눈치가 빠르구나.

🔊

2 ☺ 그는 이해가 빨라. 그래서 내가 그를 추천한 거야.

🔊

3 ☺ 걱정하지 마. 그녀는 눈치가 빨라.

🔊

4 ☺ 우리 귀여운 제니, 이해가 빠르구나!

🔊

5 ☺ 카일리는 정말 빨리 이해하더라.

🔊

정답: 1. Matt, you catch on quick. 2. He catches on quick. That's why I suggested him. 3. Don't worry. She catches on quick. 4. Little Jenny, you catch on quick! 5. Kyle caught on really quick.

13

I'm on my way.

가는 중이야.

on my way는 '~에 가는 중이다'라는 뜻이에요. 친구가 "너 지금 어디야?"라고 물으면 I'm on my way. '가는 중이야'라고 대답하는 거죠. 내가 집에 가는 중이면 I'm on my way home, 그녀가 학교에 가는 중이면 She is on her way to school.이라고 할 수 있어요. 참고로 문자를 보낼 때는 On My Way를 OMW라고 줄여서 많이 사용한답니다.

| ✔ 섀도잉 | 섀도잉으로 핵심 표현을 훈련해보세요. | 13_1.mp3 |

I'm on my way.

▶ 따라하기 ☐ ☐ ☐

on을 강조해서 발음해 주세요. 지금 당장 가고 있다는 긴박한 느낌을 표현할 수 있어요.

| 💬 대화하기 | 핵심 표현이 실제 대화에서는 어떻게 쓰는지 확인해보세요. | 13_2.mp3 |

A : Where are you? 어디세요?

B : **I'm on my way.** 가는 중이에요.

A : Don't be late this time. It's a very important meeting.
이번에 늦지 마세요. 정말 중요한 미팅이에요.

1 자기야, 학교에서 전화 왔어. 제이미가 다쳤데.
Honey, the school called. Jamie got hurt.

Oh, no. **I'm on my way there.**
이런. 거기로 가고 있어.

---

2 너 지금 어디야?
Where are you now?

I'm on my way to work.
나 출근하는 중이야.

---

3 너 빨리 와야 해!
You need to come quickly!

We're on the way right now.
우리 지금 가는 중이야.

---

4 제이슨 어디에 있어? 그와 이야기를 해야 해.
Where is Jason? I need to talk to him.

He's on his way to the gym.
그는 체육관에 가는 중이야.

---

5 벌써 10시야. 지원이 없이 시작할까?
It's already 10. Should we start without Jiwon?

Jiwon is on her way. 지원이 오고 있어.
She will be here shortly.
그녀는 곧 여기에 도착할 거야.

＊shortly 곧

비슷한
의미의
표현
'가는 중이다'라는 말은 곧 도착한다는 의미이기도 한데요. I'm almost there.이라고 하면 '거의 다 왔어'라는
뜻이에요. I'll be there soon.은 '금방 갈게'라는 의미랍니다.

63

13_4.mp3

1   **Are you coming or not?**
너 올 거야, 안 올 거야?

가는 중이야.

2   **Soyeon is still not here!**
소연이가 아직 안 왔어!

그녀는 아마도 오는 중일 거야.

3   **We're waiting in the arrivals area.**
우리 도착장에서 기다리는 중이야.

미안해. 공항에 가는 중이야.

4   **Should we call the police?**
경찰을 부를까?

그들은 이미 오고 있어.

5   **I'm driving right now.**
나 지금 운전 중이야.

너 집에 가는 길이야?

정답: 1. I'm on my way. 2. She's probably on her way. 3. I'm sorry. I'm on my way to the airport. 4. They're already on their way. 5. Are you on your way home?

 **마무리하기** 케이크 영상을 보며 학습을 마무리하세요.

1　😊 이런. 거기로 가고 있어.

🔊

2　😊 우리 지금 가는 중이야.

🔊

3　😊 나 출근하는 중이야.

🔊

4　😊 그는 체육관에 가는 중이야.

🔊

5　😊 지원이 오고 있어. 그녀는 곧 여기에 도착할 거야.

🔊

정답: 1. Oh, no. I'm on my way there.　2. We're on the way right now.　3. I'm on my way to work.　4. He's on his way to the gym.　5. Jiwon is on her way. She will be here shortly.

14

You have a point.

네 말에 일리가 있어.

You have a point.는 자신의 생각이 상대방의 의견과 일치할 때 쓸 수 있는 표현이에요. '네 말에 일리가 있어'라는 의미로 일종의 동의를 나타내는 말이죠. 여기서 point는 '점'이 아니라 '요점', '핵심'이라는 뜻이에요. 문장 뒤에 there를 붙여 You have a point there.이라고도 하니 참고로 기억해 주세요.

| ✔ 섀도잉 | 섀도잉으로 핵심 표현을 훈련해보세요. | 14_1.mp3 |

You have a point.

▶ 따라하기 ☐ ☐ ☐

point는 [포인트]라고 세 개의 음절로 발음하지 않고, 하나의 음절로 발음해요. 발음을 할 때 마지막 t를 발음할 것처럼 혀를 입 천장 앞 쪽에 갔다 대지만, 떼지 않으면 됩니다.

| 💬 대화하기 | 핵심 표현이 실제 대화에서는 어떻게 쓰는지 확인해보세요. | 14_2.mp3 |

A : If you sell the house now, you'll lose a lot of money.
지금 집을 팔면, 너는 돈을 많이 잃을 거야.

B : **You have a point.** 네 말에 일리가 있어.

A : It's your choice. 선택은 네 몫이야.

1 **그들에게 너의 가치를 보여줘야 돼.**

You have to show them you're worth it.

You have a point. 네 말에 일리가 있어.

---

2 **지수는 네가 결혼하기에 너무 어리다고 생각해.**

Jisu thinks you're too young to get married.

 Jisu does have a point. 지수의 말에 일리가 있어.

I should listen to her. 난 그녀의 말을 들어야겠어.

---

3 **그들이 미안하다고 말하라고 했어.**

They told me to say sorry.

 They have a point. 그들의 말에 일리가 있어.

You should consider their advice.

그들의 충고를 고려해 봐.

---

4 **네가 그만두면 기회를 잃을 수도 있다고 그가 말했어.**

He said if you quit, you might lose your chance.

 I think he has a point there.

난 그의 말에 일리가 있다고 생각해.

---

5 **네가 앤에게 과하게 친절했어. 그래서 너를 이용하는 거야.**

You've been too nice to Ann. That's why she's taking

advantage of you.

＊take advantage of **You have a point.** 일리 있는 말이야.

~을 이용하다

비슷한
의미의
표현

'네 말에 일리가 있어'라고 할 때 You've got a point.라고도 해요. 've got은 have got의 줄임말로 뜻은 have와 같아요. 일상생활에서 자주 사용되는 구어체 표현이랍니다.

14_4.mp3

1   **Don't let him get the better of you.**

그가 너를 이기도록 내버려 두지 마.

네 말에 일리가 있어.

＊get the better of ~을 이기다

---

2   **He thinks your boss should pay you more.**

그는 사장님이 너에게 급여를 더 줘야한다고 생각해.

그에 말에 일리가 있어.

---

3   **My mom says if I don't study hard, I might not be able to go to college.**   엄마는 내가 공부를 열심히 안 하면, 대학에 못 갈 수도 있대.

너의 엄마 말씀에 일리가 있어.

---

4   **If you quit now, you're going to regret it the rest of your life.**   네가 지금 그만두면, 너는 평생 후회하게 될 거야.

네 말에 일리가 있지만, 나는 더 이상 못하겠어.

＊regret 후회하다

---

5   **If you continue this lifestyle, you'll shave off a chunk of your life.**   이런 생활 방식을 고수하면, 네 인생에서 많은 부분을 잘라내 버리는 거야.

네 말에 일리가 있어.

＊shave off 깎아내다

정답 : 1. You have a point. 2. He has a point. 3. Your mom has a point. 4. You have a point, but I can't do it anymore. 5. You have a point.

 ▶ **마무리하기** 케이크 영상을 보며 학습을 마무리하세요.

1   😊 일리 있는 말이야.

🔊

---

2   😊 난 그의 말에 일리가 있다고 생각해.

🔊

---

3   😊 그들의 말에 일리가 있어.

🔊

---

4   😊 네 말에 일리가 있어.

🔊

---

5   😊 지수의 말에 일리가 있어.

🔊

정답 : 1. You have a point. 2. I think he has a point there. 3. They have a point. 4. You have a point. 5. Jisu does have a point.

15

Cut it out!

그만해!

누군가 성가신 행동을 계속할 때 '그만해', '멈춰'라고 하죠? 영어로는 Cut it out!이라고 해요. cut out은 '자르다', '오려내다'라는 뜻인데요. 무언가를 칼이나 가위로 자른다고 할 때뿐만 아니라 어떠한 행동이나 말을 자른다고 할 때도 사용해요. cut it out은 stop 대신 자주 쓰이는 관용 표현이니 꼭 기억해 주세요.

✓ 섀도잉   섀도잉으로 핵심 표현을 훈련해보세요.   15_1.mp3

Cut it out!

▶ **따라하기** ☐ ☐ ☐

Cut it out!은 [ㄹ] 소리로 연음되어 [커리래웃]이라고 발음돼요.

💬 대화하기   핵심 표현이 실제 대화에서는 어떻게 쓰는지 확인해보세요.   15_2.mp3

A : I'm really going to make it work. I promise.

내가 정말 제대로 할게. 약속해.

B : **Cut it out!** I'm sick of your lies.   그만해! 네 거짓말에 진절머리가 나.

A : I'm serious! Give me another chance.

진짜야! 나에게 기회를 한번만 더 줘.

1 　엄마! 에릭이 내 자동차를 계속 갖고 놀아요!
Mom! Eric keeps on playing with my cars!

　　Kids, cut it out. 얘들아, 그만해.
　　Stop arguing and play together. 그만 싸우고 같이 놀렴.

2 　나는 밤에 노래 부르는 게 좋아.
I love singing at night.

　　Will you cut it out? 그만 좀 해 줄래?
　　It's so noisy! 너무 시끄러워!

3 　너한테 할 말이 있어.
Please, I need to talk to you.

　　Cut it out. 그만해.
　　Just leave me alone. 제발 나를 그냥 내버려 둬.

4 　아빠! 유리가 자꾸 저를 놀려요.
Dad! Yuri keeps teasing me.

　　Yuri, cut it out! 유리야, 그만해!

5 　이 사업은 네가 돈을 많이 벌게 해 줄 거야.
This business is going to make you a lot of money.

　　Cut it out! 그만해!
　　You have already lost lots of my money.
　　넌 이미 내 돈을 많이 잃었어.

비슷한 의미의 표현 어떤 말이나 행동을 그만하라고 할 때 Stop it!(그만해) 또는 Will you stop?(그만해줄래?)이라고 할 수 있어요. 참고로 Cut it out!은 Shut up!(입 닥쳐)이라는 다소 격한 의미도 있으니 조심해서 사용해 주세요.

15_4.mp3

1　**Can you lend me 5 million won?**

　　나한테 오백만 원만 빌려줄래?

그만해.

2　**Do you have a crush on Sojin?**

　　너 소진이 짝사랑하지?

아니! 그만 좀 할래?

3　**I got so angry this morning I yelled at my son.**

　　오늘 아침에 너무 화가 나서 아들한테 소리 질렀어

너는 좀 그만해야 해.

4　**I really didn't cheat on you.**

　　나 정말로 바람 안 피웠어.

거짓말 그만해.

＊cheat 바람피우다

5　**Ben finally stopped playing the drums at night.**

　　벤이 드디어 저녁에 드럼을 안 쳐.

내가 그에게 그만하라고 했어.

정답 : 1. Cut it out.　2. No! Will you cut it out?　3. You need to cut it out.　4. Cut it out with your lies.
5. I told him to cut it out.

 **마무리하기**　케이크 영상을 보며 학습을 마무리하세요.

1 😊 애들아, 그만해. 그만 싸우고 같이 놀렴.

🔊

2 😊 그만해. 제발 나를 그냥 내버려 둬.

🔊

3 😊 그만 좀 해 줄래? 너무 시끄러워!

🔊

4 😊 그만해! 넌 이미 내 돈을 많이 잃었어.

🔊

5 😊 유리야, 그만해!

🔊

정답 : 1. Kids, cut it out. Stop arguing and play together. 2. Cut it out. Just leave me alone. 3. Will you cut it out? It's so noisy! 4. Cut it out! You have already lost lots of my money. 5. Yuri, cut it out!

16

Easy peasy.

식은 죽 먹기야.

Easy peasy.는 어떤 것이 매우 쉽거나 간단할 때 사용하는 표현으로 '아주 쉬워', '식은 죽 먹기야'라는 의미예요. 두 단어는 연관성이 하나도 없지만, 영어는 라임(rhyme)을 이루는 단어를 붙여 재미있게 표현하기도 해요. 이 표현은 주로 아이들이 많이 쓰지만, 성인이 사용해도 이상하지 않아요. 더 귀엽게 표현할 때는 Easy peasy lemon squeezy.라고 한답니다.

| ✓ 섀도잉 | 섀도잉으로 핵심 표현을 훈련해보세요. | 16_1.mp3 |

Easy peasy.

▶ 따라하기 ☐ ☐ ☐

Easy의 s와 peasy의 s는 둘 다 [ㅈ]가 아닌 [z] 소리예요. [z]는 [s]와 같이 혀끝을 아랫니 뒤에 살짝 대고 바람을 내보내지만, 성대가 울린다는 차이점이 있어요.

| 💬 대화하기 | 핵심 표현이 실제 대화에서는 어떻게 쓰는지 확인해보세요. | 16_2.mp3 |

A : Can you open this jar for me? 이 통 좀 열어줄래?

B : **Easy peasy.** 식은 죽 먹기지.

A : Thank you. I've been trying for the past 30 minutes.
고마워. 나는 30분 동안 열려고 노력했어.

1 **영어는 어떻다고 생각해?**

What do you think of English?

 Easy peasy lemon squeezy.

정말 식은 죽 먹기지.

---

2 **시험은 어땠어?**

How was the test?

 That was easy peasy.

그건 정말 쉬웠어.

---

3 **내가 그 직장에 들어갈 수 있을까?**

Do you think I can get the job?

 It's easy peasy for you.

너한테는 식은 죽 먹기야.

---

4 **세훈이도 너를 좋아해 줄까?**

Do you think Sehun will like you back?

 Winning his heart is easy peasy.

그의 마음을 얻는 건 식은 죽 먹기야.

---

5 **난 못 하겠어. 너무 어려워.**

I can't do it. It's so hard.

 I can't understand why you can't do it. It's so easy peasy!

난 네가 왜 못 하는지 이해가 안 가. 정말 식은 죽 먹기인데!

비슷한 의미의 표현 It's a piece of cake.는 케이크 한 조각을 먹는 것처럼 매우 쉽다는 말이에요. 뇌를 쓰지 않아도 될 정도로 쉬운 일은 It's a no-brainer. 산들바람처럼 편안하고 쉽게 느껴지는 것은 It's a breeze.라고 해요.

16_4.mp3

1   **What's 40 times 40?**

40 곱하기 40은?

식은 죽 먹기네. 1,600이지.

---

2   **I don't know how I'm going to fix this.**

이걸 어떻게 고쳐야 할지 모르겠어.

식은 죽 먹기네. 나한테 줘.

---

3   **How was the TOEIC test?**

토익 시험은 어땠어?

정말 쉬웠어.

---

4   **What do you think of history class?**

역사 수업은 어때?

식은 죽 먹기지.

---

5   **Do you think you'll get the job or not?**

너 취직될 것 같아, 안 될 것 같아?

나는 그 회사에 식은 죽 먹기로 들어갈 거 알아.

정답 :   1. Easy peasy. 1,600.   2. It's easy peasy. Give it to me.   3. It was easy peasy.   4. Easy peasy.
5. I know I'll get the job, easy peasy.

 마무리하기   케이크 영상을 보며 학습을 마무리하세요.

1　😊 **너한테는 식은 죽 먹기야.**

🔊

2　😊 **정말 식은 죽 먹기지.**

🔊

3　😊 **그의 마음을 얻는 건 식은 죽 먹기야.**

🔊

4　😊 **그건 정말 쉬웠어.**

🔊

5　😊 **난 네가 왜 못 하는지 이해가 안 가. 정말 식은 죽 먹기인데!**

🔊

정답： 1. It's easy peasy for you.　2. Easy peasy lemon squeezy.　3. Winning his heart is easy peasy.
4. That was easy peasy.　5. I can't understand why you can't do it. It's so easy peasy!

17

I blew it.

내가 망쳤어.

어떤 일이든 항상 잘되면 좋겠지만, 잘 풀리지 않을 때도 있죠? 시험을 망칠 수도, 발표를 망칠 수도 있는데요. 이렇게 무언가를 '망치다'라고 할 때 영어로는 blow it이라고 해요. blow는 바람이 '불다'라는 뜻이 있는데요. blow it은 어떤 기회를 날려버렸다고 생각하면 이해하기 쉬워요. 과거형 blew를 넣어 I blew it.이라고 하면 '내가 망쳤어', '나 망했어'라는 뜻이 된답니다.

blew는 [블루]라고 발음하지 않아요. 두 개의 자음으로 단어가 시작하기 때문인데요. 맨 앞의 [b] 소리를 가볍게 발음하고 lew를 [르우]라고 발음해 주세요.

> 💬 **대화하기**　핵심 표현이 실제 대화에서는 어떻게 쓰는지 확인해보세요.　17_2.mp3
>
> A : How was your presentation today?　오늘 네 발표 어땠어?
>
> B : **I blew it.**　망했어.
>
> A : I'm sure you did well. Don't worry about it.
> 너는 잘했을 거야. 걱정하지 마.

1 **첫 데이트는 어땠어?**

How was your first date?

> **I blew it.** 내가 망쳤어.
> I called her by the wrong name.
> 내가 그녀의 이름을 잘못 불렀어.

2 **인터뷰는 어떻게 됐어?**

How did your interview go?

> Not so good. I was nervous.
> **I think I blew it.** 별로였어. 내가 긴장했거든. 망한 것 같아.

3 **기말고사 어떻게 봤어?**

How did you do on your finals?

> **I blew it on the first test today.**
> 오늘 첫 시험을 망쳤어.

4 **바이어들과 회의는 어떻게 됐어요?**

How did the meeting go with the buyers?

> **We totally blew it.** 우리가 완전히 망쳤어요.

5 **너 왜 그렇게 기분이 안 좋아?**

Why are you in such a bad mood?

> **I had the best opportunity, but I blew it.** 최고의 기회가 있었는데, 내가 망쳤어.

비슷한
의미의
표현
mess up은 무언가를 '망치다', '엉망으로 만들다'라는 뜻이에요. 그래서 '내가 다 망쳤어'라고 할 때는
I messed up.이라고 해요. 시험에 떨어지거나 낙제한 경우에는 I flunked the test.라고 해요.

17_4.mp3

1 **How did you do on the test?**
너 시험 어떻게 봤어?

완전히 망했어.

*totally 완전히, 아주

2 **What happened to you and Christina?**
크리스티나랑 너랑 어떻게 된 거야?

내가 망쳤어.

3 **How was your blind date on the weekend?**
주말에 소개팅 어땠어?

망한 것 같아.

*blind date 소개팅

4 **Why do you look so down?**
너 왜 그렇게 우울해 보여?

방금 인터뷰를 했는데, 망친 것 같아.

5 **Why are you so angry?**
너 왜 그렇게 화났어?

내 마지막 기회였는데, 망쳤어.

정답: 1. I totally blew it. 2. I blew it. 3. I think I blew it. 4. I just had an interview and I think I blew it. 5. It was my last chance and I blew it.

 케이크 영상을 보며 학습을 마무리하세요.

1　☺ **오늘 첫 시험을 망쳤어.**

🔊

2　☺ **내가 망쳤어. 내가 그녀의 이름을 잘못 불렀어.**

🔊

3　☺ **우리가 완전히 망쳤어요.**

🔊

4　☺ **최고의 기회가 있었는데, 내가 망쳤어.**

🔊

5　☺ **별로였어. 내가 긴장했거든. 망한 것 같아.**

🔊

정답 : 1. I blew it on the first test today.　2. I blew it. I called her by the wrong name.　3. We totally blew it.　4. I had the best opportunity, but I blew it.　5. Not so good. I was nervous. I think I blew it.

18

Can I tag along?

나도 따라가도 돼?

tag에는 '꼬리표'라는 뜻 외에도 '술래잡기'라는 의미가 있어요. 그래서 tag along이라고 하면 술래잡기에서 술래를 따라가는 것처럼 '누군가를 따라가다'라는 의미가 돼요. 친구가 놀러 갈 때 따라가고 싶다면 Can I tag along?이라고 해보세요. '나도 따라가도 돼?'라는 의미가 돼요. 이 표현은 특히 초대를 받지 않았지만 따라갈 때 자주 쓰여요.

✔ 섀도잉 섀도잉으로 핵심 표현을 훈련해보세요.   18_1.mp3

Can I tag along?

▶ **따라하기** ☐ ☐ ☐

---

tag를 강조해서 발음해 주세요. 이때 tag along은 연음되어 [테걸롱]이라고 들려요.

💬 대화하기 핵심 표현이 실제 대화에서는 어떻게 쓰는지 확인해보세요.   18_2.mp3

A : I'm going to meet John for lunch.
나는 점심시간에 존을 만날 거야.

B : Really? **Can I tag along?** 정말? 나도 따라가도 돼?

A : Sure! He'll be glad to see you. 그럼! 그도 너를 보면 좋아할 거야.

---

1 😐 **너도 소풍 갈 거야?**

Are you going to the picnic, too?

👩 **Can I tag along?**

나도 따라가도 돼?

---

2 👩 **너 혼자 갈 거야?**

Are you going alone?

😐 **No, Yuna is tagging along.**

아니, 유나가 따라간대.

---

3 😐 **제이슨이 온다고 들었어.**

I heard Jason is coming.

👩 **Why is he tagging along?**

그는 왜 따라오는 거야?

---

4 👩 **지수는 너한테 왜 자꾸 문자를 보내는 거야?**

Why is Jisu constantly texting you?

😐 **She wants to tag along.**

그녀가 따라가고 싶대.

＊constantly 끊임없이

---

5 😐 **친한 친구들이랑 파티에 갔었어?**

Did you go to the party with the crew?

👩 **No, I didn't tag along.**
I just stayed home.

아니, 나는 안 따라갔어. 나는 그냥 집에 있었어.

＊crew 친한 친구들

비슷한
의미의
표현
Can I tag along?과 비슷한 표현으로는 Can I come, too? 혹은 Can I join you?가 있어요. '나도 가도
돼?', '나도 껴도 돼?'라는 의미예요.

18_4.mp3

1 Do you plan to go?

너도 갈 계획이야?

응, 나도 따라가고 싶어.

2 Are you coming to the concert with us?

너도 우리랑 콘서트에 갈 거야?

아니, 그런데 수아가 따라갈 거야.

3 Jina is coming to the party, too.

지나도 파티에 올 거야.

그녀는 왜 따라오는 거야?

4 Did you also go to Natalie's bridal shower?

나탈리의 신부 축하 파티에 갔었어?

아니, 나는 안 따라갔어.

＊bridal shower 결혼식 전에 신부를
　위해 친구들이 열어주는 축하 파티

5 I'm going to the mall later.

나 이따가 쇼핑몰에 갈 거야.

제니퍼도 따라가고 싶대.

정답: 1. Yes, I want to tag along.　2. No, but Sua is going to tag along.　3. Why is she tagging along?　4. No, I didn't tag along.　5. Jennifer wants to tag along.

 **마무리하기**　케이크 영상을 보며 학습을 마무리하세요.

1　☺ 그녀가 따라가고 싶대.

🔊

2　☺ 나도 따라가도 돼?

🔊

3　☺ 나는 안 따라갔어.

🔊

4　☺ 그는 왜 따라오는 거야?

🔊

5　☺ 유나가 따라간대.

🔊

정답 :　1. She wants to tag along.　2. Can I tag along?　3. I didn't tag along.　4. Why is he tagging along?　5. Yuna is tagging along.

19

I'm feeling peckish.

약간 배가 고파.

I'm feeling peckish.는 '약간 배가 고파', '살짝 출출해'라는 의미의 영국식 표현으로 북미권에서는 사용하지 않는 표현이에요. 영국에서는 peckish를 '배가 조금 고픈', '출출한'이라는 뜻으로 쓰지만, 미국에서는 '화를 잘 내는', '성질이 급한'이라는 의미로 사용되기 때문이죠. 미국에서는 배가 고플 때 I'm hungry.라고 해요. 같은 단어에 다른 뜻이 있다니 참 재미있지 않나요?

✔ **섀도잉** 섀도잉으로 핵심 표현을 훈련해보세요. 19_1.mp3

▶ **따라하기** ☐ ☐ ☐

---

feeling의 f를 발음할 때는 윗니를 아랫입술에 살짝 댄 상태에서 바람을 내뿜어 주세요.
peckish는 pe에 강세를 두고 [페키쉬]라고 발음해요.

💬 **대화하기** 핵심 표현이 실제 대화에서는 어떻게 쓰는지 확인해보세요. 19_2.mp3

A : **I'm feeling peckish.** 약간 배가 고파.

B : **Let's go and grab something to eat.** 뭐 먹으러 가자.

A : **What about pizza?** 피자 어때?

B : **Sounds good.** 좋아.

---

1 🧑‍🦰 **뭐 먹으러 갈래?**
Do you want to grab something to eat?

👦 That sounds great! 좋아!
I'm feeling peckish. 나 약간 배가 고파.

---

2 👦 **너 왜 그렇게 심술이 났어?**
Why are you so grumpy?

*grumpy 심술이 난　🧑‍🦰 **I hate feeling peckish.** 나는 배고픈 게 너무 싫어.

---

3 🧑‍🦰 **다이어트 잘 되고 있어?**
How's your diet coming along?

👦 **I'm always feeling peckish.**
난 항상 배가 고파.

---

4 👦 **우리 이제 우체국만 가면 돼.**
We have to go to the post office now.

🧑‍🦰 Can we get a quick bite first?
I'm feeling peckish.
우리 먼저 간단히 뭐 좀 먹을래? 나 약간 출출해.

---

5 🧑‍🦰 **배가 좀 고파.**
I'm a bit hungry.

👦 **If you're feeling peckish, there's**
some leftover pizza in the freezer.
*leftover 남은 음식　배가 고프면, 냉동실에 남은 피자가 있어.

비슷한
의미의
표현　I'm hangry.는 hungry와 angry의 합친 신조어로 '배가 고파서 화가 나다', '화가 날 정도로 배고프다'라는
의미예요. 배가 몹시 고플 때는 I'm famished.라고 해요. famished는 '몹시 배고픈'이라는 뜻이에요.

87

19_4.mp3

1 **Are you hungry?**

너 배고파?

> 응, 나 좀 배고파.
>
>

2 **Yejin seems to be a bit grumpy.**

예진이가 조금 짜증이 난 것 같아.

> 그녀는 배가 고파서 그러는 것 같아.
>
>

3 **You're going to eat again?**

너 또 먹을 거야?

> 난 항상 배가 고파.
>
>

4 **Our next stop is the bank.**

다음은 은행에 가야 돼.

> 나 약간 출출해. 우리 먼저 뭐 좀 먹을래?
>
>

5 **How are your workouts coming along?**

운동 잘 하고 있어?

> 운동하러 갔다 오면, 항상 배가 약간 고파.
>
>

정답：　1. Yes, I'm feeling peckish.　2. I think she's feeling peckish.　3. I'm always feeling peckish. 4. I'm feeling peckish. Can we get something to eat first?　5. After going to the gym, I always feel peckish.

 **마무리하기**　케이크 영상을 보며 학습을 마무리하세요.

1　☺　우리 먼저 간단히 뭐 좀 먹을래? 나 약간 출출해.

　　🔊

2　☺　난 항상 배가 고파.

　　🔊

3　☺　나는 배고픈 게 너무 싫어.

　　🔊

4　☺　좋아! 나 약간 배가 고파.

　　🔊

5　☺　배가 고프면, 냉동실에 남은 피자가 있어.

　　🔊

정답: 1. Can we get a quick bite first? I'm feeling a bit peckish.　2. I'm always feeling peckish.
3. I hate feeling peckish.　4. That sounds great! I'm feeling peckish.　5. If you're feeling peckish,
there's some leftover pizza in the freezer.

20

Cut to the chase!

요점을 얘기해!

중요한 내용을 말하지 않고 쓸데없는 이야기를 이리저리 둘러말할 때 '요점이 뭐야!', '하고 싶은 이야기가 뭐야!'라고 하지 않나요? 영어로는 Cut to the chase!라고 해요. 이 표현은 쉽게 말해 시간 낭비하지 말고 본론을 말하라는 뜻이에요. 일상생활에서 자주 사용하는 유용한 표현이니 꼭 기억해 주세요.

✓ **섀도잉** 섀도잉으로 핵심 표현을 훈련해보세요. 20_1.mp3

Cut to the chase!

▶ **따라하기** ☐ ☐ ☐

Cut을 강조해서 발음하되 Cut to는 [커투]라고 발음해 주세요. chase는 [체이스]라고 세 개의 음절로 나눠서 말하지 않고 하나의 음절로 발음해요.

💬 **대화하기** 핵심 표현이 실제 대화에서는 어떻게 쓰는지 확인해보세요. 20_2.mp3

A : **Let's cut to the chase.** How much will it cost?
   본론으로 들어가죠. 비용이 얼마나 들까요?

B : **About a million dollars.** 약 백만 달러요.

A : **What?** 뭐라고요?

---

1 **너 어젯밤에 야구 경기 봤어?**

Did you watch the baseball game last night?

We don't have much time. 우리는 시간이 별로 없어.
Let's cut to the chase. 본론으로 들어가자.

2 **그들은 정말 잘 어울리는 한 쌍이었어.**

They were a lovely couple.

Why did they break up? 그들이 왜 헤어진 거야?
Cut to the chase! 요점만 말해!

3 **그녀가 바로 본론을 이야기했어요.**

She went straight to business.

Because I told her to cut to the chase.
왜냐하면 제가 그녀에게 본론부터 말하라고 했거든요.

4 **회의가 정말 짧았어요.**

The meeting was so short.

We cut to the chase and started the negotiations right away.

＊negotiation 협상   우리는 본론으로 들어가 협상을 즉시 시작했어요.

5 **저를 보자고 하셨다고요?**

You wanted to see me?

I'm just going to cut to the chase.
그냥 본론부터 말할게요.

 Let's get down to business. Let's get to the point.도 '본론으로 들어가자', '요점을 말해'라는 의미예요. 누군가 할 말을 하지 않고 빙빙 돌려 말해 짜증이 날 때는 What's your point?(요점이 뭐야?)라고 해요.

20_4.mp3

1 **You're not coming with us?**

우리랑 같이 안 간다고?

> 본론만 말할게. 나는 가기 싫어.

---

2 **Guess what happened this morning!**

오늘 아침에 무슨 일이 있었는지 맞혀 봐!

> 우리는 시간이 별로 없으니까, 요점만 말해.

---

3 **How is everything with the new project?**

새 프로젝트는 어때요?

> 본론으로 들어가서 비용부터 얘기하죠.

---

4 **Should we start with small talk?**

우리 편안한 대화로 시작할까요?

> 아뇨, 그냥 처음부터 본론으로 들어가죠.

---

5 **He didn't blabber on this time.**

그가 이번에는 아무 말이나 하지 않았어요.

> 제가 그에게 본론부터 말하라고 했어요.

＊blabber on 횡설수설하다

정답: 1. I'll cut to the chase. I don't want to go. 2. We don't have much time, so just cut to the chase. 3. Let's cut to the chase and talk about the costs. 4. No, let's just cut to the chase from the beginning. 5. I told him to cut to the chase.

 **마무리하기** 케이크 영상을 보며 학습을 마무리하세요.

1　☺ 그들이 왜 헤어진 거야? 요점만 말해!

🔊

2　☺ 왜냐하면 제가 그녀에게 본론부터 말하라고 했거든요.

🔊

3　☺ 우리는 시간이 별로 없어. 본론으로 들어가자.

🔊

4　☺ 그냥 본론부터 말할게요.

🔊

5　☺ 우리는 본론으로 들어가 협상을 즉시 시작했어요.

🔊

정답: 1. Why did they break up? Cut to the chase!　2. Because I told her to cut to the chase.　3. We don't have much time. Let's cut to the chase.　4. I'm just going to cut to the chase.　5. We cut to the chase and started the negotiations right away.

21

I cannot think straight.

머릿속이 정리가 안 돼.

긴장하거나 마음이 어수선하면 제대로 생각하기가 어렵죠? think straight는 '논리적으로 생각하다'라는 뜻인데요. 주로 부정형으로 많이 쓰여 I cannot think straight.이라고 해요. '제대로 생각을 할 수가 없어', '머릿속이 정리가 안 돼'라는 의미예요. 너무 피곤해서 머리가 복잡하거나 스트레스가 많아서 생각이 정리가 안 될 때 한번 사용해 보세요.

✓ 섀도잉 섀도잉으로 핵심 표현을 훈련해보세요.　21_1.mp3

I cannot think straight.

▶ **따라하기** ☐ ☐ ☐

---

think의 th 발음은 혀를 윗니와 아랫니 사이에 둔 상태에서 바람을 내보내는 소리예요. 그리고 straight처럼 str, 세 개의 자음이 첫소리에 있으면 마지막 r 소리를 제일 강하게 발음해 주세요.

💬 대화하기 핵심 표현이 실제 대화에서는 어떻게 쓰는지 확인해보세요.　21_2.mp3

A : I heard you witnessed a bad car accident.

　　네가 정말 큰 차 사고를 목격했다고 들었어.

B : **Since that day I can neither sleep nor think straight.**

　　그날 이후로 잠도 못 자고 제대로 생각을 할 수가 없어.

A : I can imagine.　그럴 것 같아.

---

1 🧑‍🦰 **이 상황을 우리가 어떻게 바로잡지?**
How are we going to fix this situation?

👨 I don't know. 모르겠어.
I cannot think straight. 머릿속이 정리가 안 돼.

---

2 👦 **너 열이 나는 것 같아.**
You look like you have a fever.

🧑‍🦳 **I have a headache and I can't think straight.** 나 두통이 있고 머리가 잘 안 돌아가.

---

3 👩 **너는 잘할 거야.**
You'll do well.

👨 **I'm so nervous I can't think straight.**
너무 긴장돼서 제대로 생각을 할 수가 없어.

---

4 👦 **너 인터뷰 때 뭐라고 말할 거야?**
What are you going to say at the interview?

🧑‍🦰 I don't know. **I cannot think straight right now.** 나도 모르겠어. 지금 생각이 정리가 안 돼.

---

5 👩 **너 도대체 왜 그랬어?**
Why on earth did you do that?

👨 **I couldn't think straight.**
What should I do now?
제대로 생각을 할 수가 없었어. 이제 어쩌면 좋지?

비슷한 의미의 표현 I can't think clearly.는 무언가를 '명확히 생각할 수 없다'라는 뜻이에요. 아무것도 전혀 기억이 나지 않으면 I'm drawing a blank. 너무 피곤해서 단어가 생각이 안 날 때는 I have brain fog.라고 해요.

21_4.mp3

1   Why are you spaced out?

너 왜 그렇게 멍하게 있어?

모르겠어. 머리가 잘 안 돌아가.

＊be spaced out 멍하게 있다

2   What's the problem?

뭐가 문제야?

너무 피곤해서 제대로 생각을 할 수가 없어.

3   You'll do perfectly well. Don't worry.

너는 완벽하게 잘할 거야. 걱정하지 마.

생각이 정리가 안 돼.

4   You look so tense.

너 정말 긴장한 것 같아.

맞아. 제대로 생각을 할 수가 없어.

5   I heard Hyunjung dumped you.

네가 현정이한테 차였다고 들었어.

응. 그때 이후로 제대로 생각을 할 수가 없었어.

＊dump (애인을) 차다

정답 : 1. I don't know. I cannot think straight. 2. I'm so tired I can't think straight. 3. I can't think straight. 4. Yeah. I can't think straight. 5. Yeah. I haven't been able to think straight since then.

 마무리하기   케이크 영상을 보며 학습을 마무리하세요.

1 😊 나 두통이 있고 머리가 잘 안 돌아가.

🔊

2 😊 나도 모르겠어. 지금 생각이 정리가 안 돼.

🔊

3 😊 너무 긴장돼서 제대로 생각을 할 수가 없어.

🔊

4 😊 모르겠어. 머릿속이 정리가 안 돼.

🔊

5 😊 제대로 생각을 할 수가 없었어.

🔊

정답: 1. I have a headache and I can't think straight. 2. I don't know. I cannot think straight right now. 3. I'm so nervous I can't think straight. 4. I don't know. I cannot think straight. 5. I couldn't think straight.

I'll be there ASAP.

최대한 빨리 갈게.

우리도 긴 문장이나 단어를 줄여 쓰는 것처럼 영어에도 다양한 줄임말이 있어요. ASAP은 As Soon As Possible의 줄임말로 '최대한 빨리'라는 뜻이에요. 그래서 I'll be there ASAP.이라고 하면 '내가 거기까지 최대한 빨리 갈게'라는 의미가 돼요. ASAP은 전화나 메일, 문자뿐만 아니라 비즈니스 상황에서도 많이 사용하는 아주 유용한 표현이니 꼭 기억해 주세요.

✓ 섀도잉 섀도잉으로 핵심 표현을 훈련해보세요.   22_1.mp3

I'll be there ASAP.

▶ **따라하기** ☐ ☐ ☐

ASAP은 주로 [에이쌥]이라고 읽지만, 철자 그대로 [에이에스에이피]라고 하기도 해요.

💬 대화하기 핵심 표현이 실제 대화에서는 어떻게 쓰는지 확인해보세요.   22_2.mp3

A : How much longer do I have to wait for you?
내가 너를 얼마나 더 기다려야 되는 거야?

B : I'm sorry. **I'll be there ASAP.**   미안해. 최대한 빨리 갈게.

A : We've already been waiting for more than an hour!
우리는 이미 한 시간 이상 기다렸어!

---

1 **너 어디야? 회의에 늦었어.**
Where are you? You're late for the meeting.

I'll be there ASAP.
최대한 빨리 갈게.

2 **무슨 일이야?**
What's up?

Can you help me?　나 좀 도와줄래?
I need to hand this in ASAP.
이걸 최대한 빨리 제출해야 돼.

3 **저를 보자고 하셨다고요?**
You wanted to see me?

Please reply to the email ASAP.
최대한 빨리 이메일에 회신해 주세요.

＊reply 대답하다

4 **제가 이번 주까지 그 일을 끝낼 수 있는지 알려드릴게요.**
I'll let you know if I can finish it this week.

Could you let me know ASAP?
저에게 최대한 빨리 알려주시겠어요?

5 **이 프로젝트를 언제부터 시작할 수 있어요?**
When can you start working on this project?

I'll get on to it ASAP.
최대한 빨리 시작할게요.

비슷한
의미의
표현

ASAP과 비슷한 표현 중에 pronto가 있어요. 이 표현은 스페인어인데요. 이렇게 외국어를 그대로 사용하는
경우도 많아요. I'll be there pronto.라고 하면 '최대한 빨리 갈게'라는 의미가 돼요.

99

22_4.mp3

1   When do you have to know by?

언제까지 알아야 돼?

최대한 빨리 알아야 돼.

---

2   When can you help me?

나를 언제 도와줄 수 있어?

최대한 빨리. 나는 이걸 먼저 끝내야 해.

---

3   How much longer will you take?

너 얼마나 더 걸려?

최대한 빨리 갈게.

---

4   I sent you an email.

제가 이메일 하나 보냈어요.

최대한 빨리 이메일 답장 보내드릴게요.

＊write back 답장을 보내다

---

5   Why are you so busy?

왜 이렇게 바빠요?

이 프로젝트를 최대한 빨리 끝내야 돼요.

정답: 1. I need to know ASAP.   2. ASAP. I just need to finish this first.   3. I'll be there ASAP.   4. I'll write an e-mail back ASAP.   5. I have to finish this project ASAP.

   케이크 영상을 보며 학습을 마무리하세요.

1   ☺ 최대한 빨리 갈게.

   🔊

2   ☺ 저에게 최대한 빨리 알려주시겠어요?

   🔊

3   ☺ 최대한 빨리 이메일에 회신해 주세요.

   🔊

4   ☺ 나 좀 도와줄래? 이걸 최대한 빨리 제출해야 돼.

   🔊

5   ☺ 최대한 빨리 시작할게요.

   🔊

정답 : 1. I'll be there ASAP. 2. Could you let me know ASAP? 3. Please reply to the email ASAP. 4. Can you help me? I need to hand this in ASAP. 5. I'll get on to it ASAP.

Knock it off!

그만해!

knock은 문을 똑똑 '두드리다', '노크하다'라는 의미인데요. Knock it off!는 노크하다라는 의미와 관계없이 '그만해!', '적당히 해!'라는 뜻이에요. 누군가 짜증 나는 말을 하거나 귀찮게 굴때 멈추라는 의미로 Knock it off!라고 하는 거죠. 이 표현은 주로 소리를 지르거나 짜증을 내면서 사용하는 경우가 많아요.

| ✔ 섀도잉 | 섀도잉으로 핵심 표현을 훈련해보세요. | 23_1.mp3 |

Knock it off!

▶ 따라하기 ☐ ☐ ☐

Knock의 K는 묵음이라서 소리가 나지 않아요. Knock it은 [ㄲ] 소리로, it off는 [ㄹ] 소리로 연음되어 Knock it off는 [나끼러f]라고 발음돼요.

| 💬 대화하기 | 핵심 표현이 실제 대화에서는 어떻게 쓰는지 확인해보세요. | 23_2.mp3 |

A : I can't believe my husband said that to me.
내 남편이 나한테 그런 말을 했다는 게 믿기지 않아.

B : **Knock it off!** I'm tired of hearing about your silly fights.
그만해! 네 유치한 싸움에 대해 듣는 거 지긋지긋해.

1 돈 좀 더 빌려 줄 수 있어?
Can you lend me more money?

Knock it off. 적당히 해.
You've already borrowed enough.
너는 이미 충분히 빌렸잖아.

---

2 이번에는 꼭 한다고 약속할게.
I promise to do it this time.

Knock it off with your lies. 거짓말 좀 그만해.

---

3 와서 나랑 텔레비전 보자!
Come watch TV with me!

Will you just knock it off? 그만 좀 할래?
I'm trying to get some sleep! 잠 좀 자려고 하잖아!

---

4 재준이는 왜 기분이 안 좋은 거야?
Why is Jaejun in such a bad mood?

You should knock it off with your jokes.
너 그만 장난쳐.

---

5 나는 수업 빼먹을 거야.
I'm going to skip class.

I'm going to tell on you if you don't knock it off. 그만하지 않으면, 내가 너를 이를 거야.

*tell on
~을 고자질하다

비슷한
의미의
표현

상대방의 말이나 행동이 성가시고 거슬릴 때 Cut it out! 또는 Stop it!이라고 할 수 있어요. 그 행동을 당장
그만두라는 굉장히 직설적인 표현이죠. 공공장소에서 떠들거나 싸우는 아이들에게도 쓸 수 있는 표현이에요.

23_4.mp3

1 I really need to get new shoes.

나 새 신발을 꼭 사야겠어.

적당히 해. 너 어제 두 켤레 샀잖아.

2 He's really bugging me.

그가 나를 정말 귀찮게 해.

그에게 그만하라고 말해.

* bug 귀찮게 하다

3 I am going to turn up the volume more.

소리 더 키울게.

그만 좀 해! 나 일하는 중이야.

4 Dad! Jane is wearing my dress again!

아빠! 제인이 또 내 원피스를 입었어요!

너희 둘, 좀 그만해!

5 I don't think I can do it.

나는 못 할 것 같아.

그만 좀 징징대.

* whine 징징거리다

정답: 1. Knock it off. You bought two pairs yesterday. 2. Tell him to knock it off. 3. Knock it off! I'm working. 4. You two, knock it off! 5. Knock it off with the whining.

 케이크 영상을 보며 학습을 마무리하세요.

1   ☺ **적당히 해. 너는 이미 충분히 빌렸잖아.**

🔊

2   ☺ **거짓말 좀 그만해.**

🔊

3   ☺ **너 그만 장난쳐.**

🔊

4   ☺ **그만 좀 할래? 잠 좀 자려고 하잖아!**

🔊

5   ☺ **그만하지 않으면, 내가 너를 이를 거야.**

🔊

정답: 1. Knock it off. You've already borrowed enough. 2. Knock it off with your lies. 3. You should knock it off with your jokes. 4. Will you just knock it off? I'm trying to get some sleep! 5. I'm going to tell on you if you don't knock it off.

She takes after me.

그녀는 나를 닮았어.

take after는 '~을 닮다'라는 표현이에요. 그래서 She takes after me.라고 하면 '그녀는 나를 닮았어'라는 뜻이 돼요. 그런데 이 표현은 '딸이 엄마를 닮았다', '아들이 아빠를 닮았다'라는 것처럼 가족끼리 닮았다고 할 때만 사용해요. 참고로 She looks like me.는 외모만 닮았다는 뜻이고, take after는 외모뿐만 아니라 성격, 행동 등이 닮았다고 할 때 모두 사용 가능해요.

| ✓ 섀도잉 | 섀도잉으로 핵심 표현을 훈련해보세요. | 24_1.mp3 |

She takes after me.

▶ 따라하기 ☐ ☐ ☐

takes after는 연음되어 [테이세f터]라고 발음돼요. after의 미국식 발음은 [애f뜨얼]이지만, 영국에서는 [아프터]라고 발음해요.

| 💬 대화하기 | 핵심 표현이 실제 대화에서는 어떻게 쓰는지 확인해보세요. | 24_2.mp3 |

A : I love your daughter's eyes. 따님의 눈이 너무 예뻐요.

B : **She takes after me.** 저를 닮아서 그래요.

A : I think she looks more like her mom.
제 생각에는 엄마랑 더 닮은 것 같아요.

1 **따님이 아빠랑 정말 똑같이 생겼네요.**

Your daughter looks exactly like you.

Yeah. **She takes after me.**

맞아요. 그녀는 저를 닮았어요.

---

2 **그의 긴 다리를 봐. 너무 부러워.**

Look at his long legs. I'm so jealous.

He takes after his mother.

그는 그의 어머니를 닮았어.

---

3 **그들 모두 코가 똑같이 생겼어!**

They all have the same nose!

They all take after their father.

그들은 모두 아버지를 닮았어.

---

4 **너는 누구 닮았어?**

Who do you look like?

I don't know. **I don't take after anyone in my family.**

모르겠어. 나는 가족 중에 그 누구와도 안 닮았어.

---

5 **'그 아빠의 그 아들'이라는 표현 들어봤지?**

You've heard of the expression 'like father like son,' right?

Yeah. **I guess sons usually take after their fathers.** 응. 아들은 주로 아버지를 닮나 봐.

비슷한
의미의
표현

I am the striking image of my father.라고 하면 '나는 아빠를 똑 닮았어'라는 뜻이에요. 외모만 닮았다는
의미랍니다.

107

24_4.mp3

1　Who do you look like in your family?
너는 가족 중에 누구를 닮았어?

나는 할아버지를 닮았어.

2　I don't know why but my daughter has a temper.
왜 그런지 모르겠는데 내 딸이 욱하는 성격이 있어.

그녀는 너를 닮았어.

3　Your lips are so thick!
너 입술이 정말 두껍다!

나는 아빠를 닮았거든.

4　My son won first place in the math competition!
제 아들이 수학 경시대회에서 1등을 했어요!

그가 엄마를 닮았네요.

5　I don't think my son looks like either my wife or me.
제 아들이 아내나 저를 안 닮은 것 같아요.

그는 당신의 조부모님을 닮은 것 같아요.

정답 : 1. I take after my grandfather.　2. She takes after you.　3. I take after my father.　4. He takes after his mother.　5. I think he takes after your grandparents.

 마무리하기　케이크 영상을 보며 학습을 마무리하세요.

1 😊 그녀는 저를 닮았어요.

🔊

2 😊 그들은 모두 아버지를 닮았어.

🔊

3 😊 나는 가족 중에 그 누구와도 안 닮았어.

🔊

4 😊 그는 그의 어머니를 닮았어.

🔊

5 😊 아들은 주로 아버지를 닮나 봐.

🔊

정답: 1. She takes after me. 2. They all take after their father. 3. I don't take after anyone in my family. 4. He takes after his mother. 5. I guess sons usually take after their fathers.

25

What have you been up to?

너 요즘 어떻게 지내?

What have you been up to?는 '너 요즘 어떻게 지내?', '그동안 뭐 하고 지냈어?'라는 의미로 상대방에게 안부를 묻는 인사말이에요. 이 표현은 비교적 가까운 사이에서 주고받는 인사로 How are you? What's up? 보다는 조금 더 구체적으로 어떻게 지냈는지 물어볼 때 사용해요. 일상생활에서 자주 쓰이는 표현이니 아는 사람을 오랜만에 만났을 때 꼭 사용해 보세요.

✓ 섀도잉　섀도잉으로 핵심 표현을 훈련해보세요.　　　25_1.mp3

What have you been up to?

▶ **따라하기** ☐ ☐ ☐

What의 t는 [ㄹ]와 비슷하게 발음되어 What have는 [와래v]라고 들려요. been은 북미권에서는 짧은 [i] 소리이지만, 영국에서는 강조할 때 길게 소리 내기도 해요.

💬 대화하기　핵심 표현이 실제 대화에서는 어떻게 쓰는지 확인해보세요.　　　25_2.mp3

A: **What have you been up to?**　너 요즘 어떻게 지내?

B: **I got a new job and I got married.**
　　새 직장을 구했고 결혼도 했어.

A: **Wow! Congrats!**　우와! 축하해!

---

1 재한아! 어떻게 지냈어?
   Jaehan! How're you doing?

   I'm good. 나는 잘 지내.
   What have you been up to?
   너는 어떻게 지냈어?

2 너무 오랜만이야!
   Long time no see!

   What have you been up to these days? 너는 요즘 어떻게 지내?

3 정말 오랜만이에요! 우연히 만나서 정말 기뻐요.
   It's been ages! I'm so glad I ran into you.

   What have you been up to since you quit? 그만두고 어떻게 지냈어요?

   *run into
   ~를 우연히 만나다

4 나 어제 수호 만났어.
   I met Suho yesterday.

   What has he been up to these days?
   그는 요즘에 어떻게 지내?

5 야! 정말 오랜만이다!
   Hey! It's been such a long time!

   What have you been up to?
   그동안 뭐 하고 지냈어?

비슷한
의미의
표현

상대방과의 친분에 따라 인삿말이 조금씩 달라지기도 해요. How are you? How are you doing?은 누구에게나 사용할 수 있지만, How's it going?은 주로 친한 친구나 지인에게만 사용해요.

25_4.mp3

1 **How are you doing?**
어떻게 지냈어?

나는 잘 지내. 너는 어떻게 지내?

2 **Is that you, Sumin?**
혹시 수민이니?

어머! 잘 지냈어?

3 **Have you heard from Emily recently?**
최근에 에밀리 소식 들은 적 있어?

아니, 그녀는 어떻게 지내?

4 **It's been more than 5 years! How's life?**
5년이나 지났네! 어떻게 지내?

모든 게 좋아! 너는 어떻게 지냈어?

5 **Hey! It's been ages!**
야! 오랜만이야!

그동안 뭐 하고 지냈어?

정답: 1. I'm doing well. What have you been up to?　2. Oh my gosh! What have you been up to?
3. No, what has she been up to?　4. Everything's good! What have you been up to?　5. What have you been up to?

 **마무리하기** 케이크 영상을 보며 학습을 마무리하세요.

1 😊 **나는 잘 지내. 너는 어떻게 지냈어?**

🔊

2 😊 **그만두고 어떻게 지냈어요?**

🔊

3 😊 **그는 요즘에 어떻게 지내?**

🔊

4 😊 **너는 요즘 어떻게 지내?**

🔊

5 😊 **그동안 뭐 하고 지냈어?**

🔊

정답: 1. I'm good. What have you been up to? 2. What have you been up to since you quit? 3. What has he been up to these days? 4. What have you been up to these days? 5. What have you been up to?

26

You crack me up.

너 때문에 웃겨 죽겠어.

정말 웃긴 이야기를 들었을 때 빵 터지지 않나요? crack up은 '큰 소리로 웃다', '몹시 웃다'라는
표현이에요. 그래서 You crack me up.이라고 하면 '너 때문에 웃겨 죽겠어', '네가 나를 빵 터
지게 했어'라는 의미가 돼요. crack과 up 사이에 웃음이 터진 '대상'을 넣는데요. 무언가가 나를
웃게 했다면 crack me up, 그녀를 웃게 했다면 crack her up이라고 한답니다.

| ✓ 섀도잉 | 섀도잉으로 핵심 표현을 훈련해보세요. | 26_1.mp3 |

You crack me up.

▶ **따라하기** ☐ ☐ ☐

crack의 k는 아주 약하게 발음돼요. [크래크]보다는 [크랙]이라고 발음해 주세요.

| 💬 대화하기 | 핵심 표현이 실제 대화에서는 어떻게 쓰는지 확인해보세요. | 26_2.mp3 |

A : **You crack me up!** 너 때문에 웃겨 죽겠어!

B : I'm glad I cheered you up. 너를 기분 좋게 해서 다행이야.

A : Thanks. I really needed that laugh.
고마워. 나는 이렇게 웃는 게 정말 필요했어.

1 **어젯밤 소개팅은 어땠어?**

How was your blind date last night?

 The guy cracked me up.

그 남자가 나를 너무 웃겼어.

---

2 **조지는 정말 엉뚱하지 않아?**

Isn't George really silly?

 Yes, but his silly jokes crack me up.

응, 하지만 그의 엉뚱한 농담은 나를 웃게 해.

---

3 **새로운 선생님은 어땠어?**

How was the new teacher?

 We all cracked up because he was so funny. 그가 너무 웃겨서 우리 모두 빵 터졌어.

---

4 **내 새 안무를 좀 봐.**

Look at my new dance moves.

 You really know how to crack me up.

너는 나를 웃게 하는 방법을 정말 잘 알아.

---

5 **너네 반 엄청 시끄러웠어!**

Your class was so loud!

 Everyone was cracking up at the professor's joke. 모두가 교수님의 농담에 웃었거든.

비슷한 의미의 표현 무언가가 정말 웃길 때 LOL이라고 하는데요. Laughing Out Loud의 줄임말로 '너무 웃겨'라는 뜻이에요. LOFL은 Laughing On the Floor Laughing의 줄임말로 '너무 웃겨서 땅바닥에서 구른다'는 의미예요.

26_4.mp3

1 **Why do you like your boyfriend so much?**

너는 네 남자친구가 왜 그렇게 좋아?

그는 나를 매일 웃게 해.

2 **Do you like silly jokes?**

너는 엉뚱한 농담을 좋아해?

응, 나는 쉽게 잘 웃어.

3 **And that's how I fell in love with you.**

그렇게 해서 나는 너와 사랑에 빠졌어.

너 때문에 웃겨 죽겠어.

4 **Did you laugh at Jihoon's joke this morning?**

오늘 아침에 지훈이가 한 농담에 웃었어?

그것 때문에 나 빵 터졌어.

5 **What's your favorite TV show genre?**

네가 제일 좋아하는 TV 프로그램 장르가 뭐야?

나는 코미디 쇼를 보는 걸 좋아해. 정말 웃기거든.

정답 : 1. He cracks me up every day. 2. Yeah, I crack up easily. 3. You crack me up. 4. It cracked me up. 5. I love watching comedy shows. They crack me up.

 **마무리하기** 케이크 영상을 보며 학습을 마무리하세요.

1   😊 그 남자가 나를 너무 웃겼어.

🔊

2   😊 너는 나를 웃게 하는 방법을 정말 잘 알아.

🔊

3   😊 그의 엉뚱한 농담은 나를 웃게 해.

🔊

4   😊 그가 너무 웃겨서 우리 모두 빵 터졌어.

🔊

5   😊 모두가 교수님의 농담에 웃었거든.

🔊

정답: 1. The guy cracked me up. 2. You really know how to crack me up. 3. His silly jokes crack me up. 4. We all cracked up because he was so funny. 5. Everyone was cracking up at the professor's joke.

27

Do you have the time?

지금 몇 시인지 아시나요? / 그럴 시간이 돼요?

Do you have the time?은 '지금 몇 시인지 아시나요?'라는 의미로 시간을 물어보는 표현이에요. What time is it now?와 의미는 같지만, 조금 더 정중한 표현이죠. 현재 시각을 묻는 것 이외에도 Do you have the time?은 어떠한 일을 진행할 시간적 여유가 되냐는 의미가 있어요. 문맥에 따라 의미가 달라지니 상황에 알맞게 해석해 주세요.

✓ 섀도잉 섀도잉으로 핵심 표현을 훈련해보세요. 27_1.mp3

Do you have the time?

▶ **따라하기** ☐ ☐ ☐

이 문장에서 the를 빼면 '시간 있으세요?'라는 전혀 다른 의미가 되므로, the를 정확히 발음하는 것이 중요해요. Do는 [두]가 아닌 [드]라고 발음해 주세요.

💬 대화하기 핵심 표현이 실제 대화에서는 어떻게 쓰는지 확인해보세요. 27_2.mp3

A : **Excuse me, do you have the time?**
　　 실례지만, 지금 몇 시인지 아시나요?

B : **Yes, I do. It's 11 o'clock.** 네, 11시예요.

A : **Thank you very much.** 감사합니다.

---

1 무엇을 도와드릴까요?
Can I help you?

Do you have the time? 지금 몇 시인지 아시나요?
I have to leave at 4. 제가 4시에 가야 해서요.

---

2 뭘 찾고 있어요?
What are you trying to find?

I think I left my cell. 휴대전화를 놓고 온 것 같아요.
Do you have the time? 지금 몇 시인지 아세요?

*cell 휴대전화
(cell phone의 줄임말)

---

3 너 얘기할 시간 있어?
Do you have time to talk?

Sorry. **I don't have the time right now.**
미안. 내가 지금 시간이 없어.

---

4 너 정말 바쁘다고 들었어.
I heard you're really busy.

I don't even have the time to shower these days. 나는 요즘 샤워할 시간도 없어.

---

5 내가 주말에 하와이 갔다 오는 걸 어떻게 생각해?
Do you think I should go to Hawaii over the weekend?

You won't have the time to enjoy it fully. 너는 충분히 즐길 시간이 없을 거야.

비슷한 의미의 표현 │ 시간을 물어볼 때 가장 많이 사용하는 표현은 What time is it?(지금 몇 시예요?)인데요. 조금 더 정중하게 Can you tell me the time, please?(시간 좀 알려주시겠어요?)라고 할 수도 있어요.

27_4.mp3

1   What can I help you with?
무엇을 도와드릴까요?

실례지만, 지금 몇 시인지 아시나요?

2   Can you help me with this project?
이 프로젝트 도와줄 수 있어요?

죄송해요. 제가 시간이 없어요.

3   Can I talk to you about Mike?
마이크에 대해 너랑 이야기를 할 수 있을까?

미안, 지금은 안 돼. 내가 시간이 생기면 전화할게.

4   Let's do this together.
이거 같이 하자.

미안, 내가 시간이 없어.

5   Let's go to the park for a walk.
산책하러 공원에 가자.

그럴 수 있으면 좋겠지만, 내가 지금 시간이 없어.

정답: 1. Excuse me, do you have the time? 2. I'm sorry. I don't have the time. 3. Sorry, not now. I'll call you when I have the time. 4. Sorry, I don't have the time. 5. I wish I could, but I don't have the time right now.

 마무리하기   케이크 영상을 보며 학습을 마무리하세요.

1   ☺ 미안. 내가 지금 시간이 없어.

   🔊

2   ☺ 너는 충분히 즐길 시간이 없을 거야.

   🔊

3   ☺ 지금 몇 시인지 아세요?

   🔊

4   ☺ 나는 요즘 샤워할 시간도 없어.

   🔊

5   ☺ 지금 몇 시인지 아시나요?

   🔊

정답: 1. Sorry. I don't have the time right now. 2. You won't have the time to enjoy it fully. 3. Do you have the time? 4. I don't even have the time to shower these days. 5. Do you have the time?

28

It's a little bland.

조금 싱거워요.

음식을 먹었는데 간이 약해서 아무 맛이 느껴지지 않을 때가 있죠? 그때 쓸 수 있는 표현이 바로 It's a little bland.예요. '조금 싱거워요'라는 뜻인데요. bland에 음식 맛이 '담백한', '자극적이지 않은', '특별한 맛이 안 나는'이라는 의미가 있어요. 음식뿐만 아니라 무언가가 단조롭고 특징 없이 재미없을 때도 bland를 사용해요. 기억해두면 유용한 표현이랍니다.

> ✓ **섀도잉** 섀도잉으로 핵심 표현을 훈련해보세요. 28_1.mp3
>
> # It's a little bland.
>
> ▶ **따라하기** ☐ ☐ ☐

It's a little은 연음되어 [잇싸리를]이라고 발음돼요. bland의 경우 blend(섞다, 혼합하다)와 다르게 입을 위아래로 더 크게 벌려 발음해 주세요.

> 💬 **대화하기** 핵심 표현이 실제 대화에서는 어떻게 쓰는지 확인해보세요. 28_2.mp3
>
> A : Did you put any seasoning in this chicken?
>   이 닭 요리에 간했어?
>
> B : Why? Does it taste bad? 왜? 맛이 없어?
>
> A : **It's a little bland.** 조금 싱거워.

1 👨 **내가 만들어준 수프 어때?**
How do you like the soup I made you?

👩 **It's a little bland.** 살짝 싱거워.

2 👩 **이게 많이 짜다고 생각해?**
Do you think it's too salty?

👨 **No, it's a little bland to me.**
아니, 나한테는 조금 싱거워.

3 👨 **어떻게 하면 더 맛있게 만들 수 있을까?**
How can I make it taste better?

👩 **If you add a lot more salt, it won't be so bland.**
네가 소금을 더 많이 넣으면, 그렇게 싱겁지는 않을 거야.

4 👩 **데니스는 저녁 식사가 너무 비싸다고 했어.**
Dennis said the dinner was over-priced.

👨 **Yes, the flavors were a little bland for the price.** 응, 가격에 비해 풍미가 없었어.

5 👨 **이 그림에 대해 너는 어떻게 생각해?**
What do you think of this picture?

👩 **I think the colors are a little bland and dull.** 색이 좀 단조롭고 칙칙한 것 같아.

＊dull 흐릿한, 칙칙한

비슷한
의미의
표현 음식에서 아무런 맛이 느껴지지 않을 때는 tasteless라고 해요. Tasteless soup은 '아무 맛도 안 나는 수프', It's tasteless.는 '아무 맛도 안 난다'라는 뜻이에요. I don't taste anything.이라고 해도 같은 의미랍니다.

28_4.mp3

1 **How was your meal?**
식사는 어떻게 하셨어요?

괜찮았는데, 조금 싱거웠어요.

2 **The soup isn't good. I think I forgot something.**
수프가 별로야. 내가 뭔가를 깜박한 것 같아.

조금 싱거워. 소금 넣었어?

3 **Do you think I need to add more salt?**
내가 소금을 더 넣어야 한다고 생각해?

응, 아주 싱거워.

4 **You're only eating fish and salad?**
너 생선이랑 샐러드만 먹는 거야?

응, 자극적이지 않은 식단으로 먹고 있어.

5 **Oh my gosh, that was so boring.**
세상에, 너무 지루했어.

정말 재미없는 이야기였어.

정답 : 1. It was good, but a little bland. 2. It's a little bland. Did you put in some salt? 3. Yes, it's very bland. 4. Yeah, I'm on a bland diet. 5. It was such a bland story.

 **마무리하기** 케이크 영상을 보며 학습을 마무리하세요.

1   ☺ 살짝 싱거워.

2   ☺ 나한테는 조금 싱거워.

3   ☺ 가격에 비해 풍미가 없었어.

4   ☺ 색이 좀 단조롭고 칙칙한 것 같아.

5   ☺ 네가 소금을 더 많이 넣으면, 그렇게 싱겁지는 않을 거야.

정답 : 1. It's a little bland. 2. It's a little bland to me. 3. The flavors were a little bland for the price. 4. I think the colors are a little bland and dull. 5. If you add a lot more salt, it won't be so bland.

29

I stayed up all night.

밤을 꼬박 새웠어.

밀린 과제를 하느라 혹은 재미있는 드라마를 보느라 밤을 새운 적 있지 않나요? 우리는 잠을 자지 않고 밤을 보낼 때 '밤새우다'라고 하지만, 영어로는 stay up all night라고 해요. '밤새 깨어 있다', '밤새 안 자다'라는 뜻이에요. 무언가를 하면서 밤을 꼬박 새웠다고 할 때는 동사의 ing형을 뒤에 붙여요. 일상생활에서 자주 쓰는 유용한 표현이니 꼭 기억해 주세요.

✓ 섀도잉   섀도잉으로 핵심 표현을 훈련해보세요.   29_1.mp3

I stayed up all night.

▶ **따라하기** ☐ ☐ ☐

---

stayed up all은 연음되어 [스테이덥뻘]이라고 발음돼요. night는 [나이트]가 아닌 [나잇]이라고 발음해 주세요.

💬 대화하기   핵심 표현이 실제 대화에서는 어떻게 쓰는지 확인해보세요.   29_2.mp3

A : Why do you look so sleepy?   너 왜 그렇게 졸려 보여?

B : **I stayed up all night.**   나 밤을 꼬박 새웠어.

A : Oh dear. You should go home early today.
     저런. 오늘은 일찍 집에 가.

---

1 밤새 잠을 못 잤어.
I stayed up all night.

Don't stay up all night. 밤새우지 마.

2 최근에 잠을 잘 못 잤어.
I haven't been sleeping well lately.

It's not healthy to stay up all night.
밤을 새는 건 몸에 좋지 않아.

3 너 괜찮아?
Are you alright?

I stayed up all night reading a book.
책 본다고 밤을 꼬박 새웠어.

4 저를 보자고 하셨다고요?
Did you want to see me?

I heard you stayed up all night finishing this report. Take the rest of the day off.
이 보고서를 마무리하느라 밤새우셨다고 들었어요. 퇴근하세요.

5 너 왜 한숨도 못 잤어?
Why didn't you get any sleep?

I had to finish my presentation by today, so I stayed up all night.
오늘까지 프레젠테이션을 끝내야 해서 밤을 꼬박 새웠어.

비슷한 의미의 표현 I pulled an all-nighter.는 '밤을 새웠다'라는 뜻이에요. '어젯밤에 한숨도 못 잤어'라고 할 때는 I didn't sleep at all last night.이라고 해요.

29_4.mp3

1 Why do you look so tired?

너 왜 그렇게 피곤해 보여?

나 밤을 꼬박 새웠어.

---

2 How did you finish the presentation so fast?

프레젠테이션을 어떻게 그렇게 빨리 끝냈어?

밤을 꼬박 새웠어.

---

3 You don't look healthy these days.

너 요즘 건강해 보이지 않아.

이번 주에 몇 번이나 밤을 새웠거든.

---

4 Wake up, Gangwoo!

일어나, 강우야!

10분만 더요. 저 어젯밤을 새웠어요.

---

5 I have to stay up all night tonight as well.

나 오늘도 밤새야 해.

너 또 밤새우면 안 돼!

정답: 1. I stayed up all night. 2. I stayed up all night. 3. I stayed up all night a couple times this week. 4. 10 more minutes. I stayed up all night last night. 5. You can't stay up all night again!

 **마무리하기** 케이크 영상을 보며 학습을 마무리하세요.

1 😊 밤을 새는 건 몸에 좋지 않아.

🔊

2 😊 이 보고서를 마무리하느라 밤새우셨다고 들었어요.

🔊

3 😊 밤새우지 마.

🔊

4 😊 책 본다고 밤을 꼬박 새웠어.

🔊

5 😊 오늘까지 프레젠테이션을 끝내야 해서 밤을 꼬박 새웠어.

🔊

정답 : 1. It's not healthy to stay up all night. 2. I heard you stayed up all night finishing this report. 3. Don't stay up all night. 4. I stayed up all night reading a book. 5. I had to finish my presentation by today so I stayed up all night.

129

30

Lucky you.

좋으시겠어요.

누군가에게 생각지도 못한 기쁜 일이 생겼을 때 '너는 참 운도 좋아', '잘 됐다'라고 하지 않나요? 영어로는 Lucky you.라고 해요. 우연히 좋은 일이 생긴 친구에게 부럽다는 것을 직접적으로 이야기하지 않으면서 '좋겠다'라고 말하는 질투가 섞인 표현이에요. you 대신 사람 이름이나 대명사를 넣기도 해요. 어렵지 않은 표현이니 상황에 알맞게 사용해 보세요.

| ✓ 섀도잉 | 섀도잉으로 핵심 표현을 훈련해보세요. | 30_1.mp3 |

Lucky you.

▶ 따라하기 ☐ ☐ ☐

Lucky는 [럭키]보다는 [러키]라고 발음해요. 부러워서 '좋겠다'라고 말할 때 '겠'의 소리가 올라갔다가 내려오듯, you 또한 목소리를 올렸다 내려주세요.

| 💬 대화하기 | 핵심 표현이 실제 대화에서는 어떻게 쓰는지 확인해보세요. | 30_2.mp3 |

A : I got the job! 나 취직했어!

B : **Lucky you!** 좋겠다!

A : You'll have good news soon, too.
너도 곧 좋은 소식이 있을 거야.

1 🧑 **나 방금 복권에 당첨됐어!**
I just won the lottery!

    👨 **Lucky you.** 너는 운도 좋아.

2 👨 **저스틴이 리즈에게 청혼했대!**
Justin asked Liz to marry him!

    👩 **Lucky Liz.** 리즈는 좋겠다.
I used to have a crush on Justin.
나도 저스틴에게 반했었는데.

3 👩 **나 주머니에서 50달러를 찾았어.**
I found 50 dollars in my pocket.

    👨 **Lucky you!** 좋겠다!

4 👨 **나 최근에 새 아파트를 샀어.**
I just bought a new apartment.

    👩 **Lucky you.** 좋겠다.
Who gave you the money?
누가 너에게 돈을 준 거야?

5 👩 **나는 내 개가 너무 좋아. 나를 정말 기쁘게 해.**
I love my dog so much. She's a joy.

    👨 **Lucky you, Shelly.** 쉘리, 너는 좋겠다.
My dog is a handful. 내 개는 다루기가 힘들어.

＊handful 다루기 힘든 동물

비슷한
의미의
표현
부러움을 직접적으로 드러내고 싶을 때는 I'm jealous (of you).라고 해요. '네가 부러워', '질투나'라는 의미
예요. 참고로 envy는 부정적인 감정을 내포하고 있어 부러움을 표할 때는 거의 사용하지 않아요.

30_4.mp3

1 I bought these new shoes at 50% off.

나는 이 신발을 50% 할인해서 샀어.

좋겠다!

2 Did you win the lottery?

너 복권에 당첨된 거야?

응, 나는 참 운도 좋아.

3 I heard John's marrying Helen after all!

결국 존이 헬렌과 결혼한다고 들었어.

존은 좋겠다. 나도 헬렌에게 반했었는데.

4 I passed the driving test yesterday!

나 어제 운전면허 시험에 통과했어!

좋겠다. 나는 아직도 시험을 통과 못 했어.

5 Jenna got promoted to VP!

제나 씨가 부사장으로 승진했어요!

그녀는 참 좋겠네요.

＊VP(Vice President) 부사장

정답: 1. Lucky you! 2. Yes, lucky me. 3. Lucky John. I used to have a crush on Helen. 4. Lucky you. I haven't passed the test yet. 5. Lucky her.

 마무리하기 케이크 영상을 보며 학습을 마무리하세요.

1   😊 **좋겠다!**

2   😊 **좋겠다. 누가 너에게 돈을 준 거야?**

3   😊 **너는 운도 좋아.**

4   😊 **리즈는 좋겠다. 나도 저스틴에게 반했었는데.**

5   😊 **쉘리, 너는 좋겠다. 내 개는 다루기가 힘들어.**

정답: 1. Lucky you! 2. Lucky you. Who gave you the money? 3. Lucky you. 4. Lucky Liz. I used to have a crush on Justin. 5. Lucky you, Shelly. My dog is a handful.

That hit the spot.

내가 원하던 게 딱 그거야.

That hit the spot.은 '딱이야', '내가 원하던 게 딱 그거야'라는 의미로 무언가를 필요한 시점에 정확히 가지게 되었을 때 쓰는 표현이에요. 예를 들어 목이 말랐는데 누군가 차가운 얼음물을 가져다주거나 몸이 안 좋았는데 친구가 죽을 사다 줬을 때 이 표현을 쓰는 거죠. 주로 내가 딱 원했던 음식이나 음료를 먹고 나서 That hit the spot.이라고 하는 경우가 많아요.

✓ 섀도잉　섀도잉으로 핵심 표현을 훈련해보세요.　31_1.mp3

That hit the spot.

▶ **따라하기** ☐ ☐ ☐

That과 hit을 강조해서 발음해 주세요. spot은 [s팟]이라고 발음하는데요. s는 [스]라고 발음하지 않고, 윗니와 아랫니를 거의 맞닿게 한 상태에서 뱀처럼 [sssssss] 소리를 내면 됩니다.

💬 대화하기　핵심 표현이 실제 대화에서는 어떻게 쓰는지 확인해보세요.　31_2.mp3

A : I've been sitting all day and my shoulders hurt.
　　하루 종일 앉아 있었더니 어깨가 아파.

B : Let me give you a massage.　내가 마사지해 줄게.

A : Wow. **That hit the spot.**　우와. 딱 좋아.

---

1 **커피 어때?**

How's the coffee?

 It really hits the spot right now. I was so tired. 지금 나한테 딱 필요한 거야. 정말 피곤했거든.

2 **따뜻한 차가 목감기에 도움이 됐어?**

Did the hot tea help your sore throat?

 Yes. **It really hit the spot.**

＊sore throat 인후염 응. 나한테 정말 딱 필요한 거였어.

3 **너는 뭐 마시고 싶어?**

What do you want to drink?

 A cold beer would hit the spot right now. What do you think?

시원한 맥주가 지금 딱 좋을 것 같아. 어떻게 생각해?

4 **이 아이스크림 정말 맛있다.**

This ice cream is so good.

It really hits the spot.

정말 딱 좋아.

5 **우와! 김밥을 세 줄이나 먹었네!**

Wow. You ate like three gimbaps!

That gimbap really hit the spot.

그 김밥은 내가 정말 딱 원하던 거였어.

비슷한 의미의 표현 '내가 원하던 게 딱 그거야', '내게 딱 필요한 거였어'라고 할 때는 That's exactly what I wanted. 혹은 That's exactly what I needed.라고도 할 수 있어요.

135

31_4.mp3

1   I think this is what you need right now.

너는 지금 이게 필요할 것 같아.

맞아! 정말 딱 원하던 거야.

2   That's exactly what I needed!

나한테 지금 딱 필요했던 거야!

나도! 딱 좋아!

3   How about a cup of coffee?

커피 한 잔 어때?

그래. 지금 딱 좋지.

4   That was so good, right?

정말 맛있었어, 그렇지?

응, 그 국은 내가 딱 원하던 거였어.

5   That soda was really refreshing.

탄산음료가 정말 시원했어.

그 음료수는 내게 딱 필요한 거였어.

정답 : 1. Exactly! It really hits the spot. 2. Me too! That hit the spot! 3. Sure. It will hit the spot right now. 4. Yeah, that soup hit the spot. 5. That drink hit the spot.

 마무리하기   케이크 영상을 보며 학습을 마무리하세요.

1 ☺ 정말 딱 좋아.

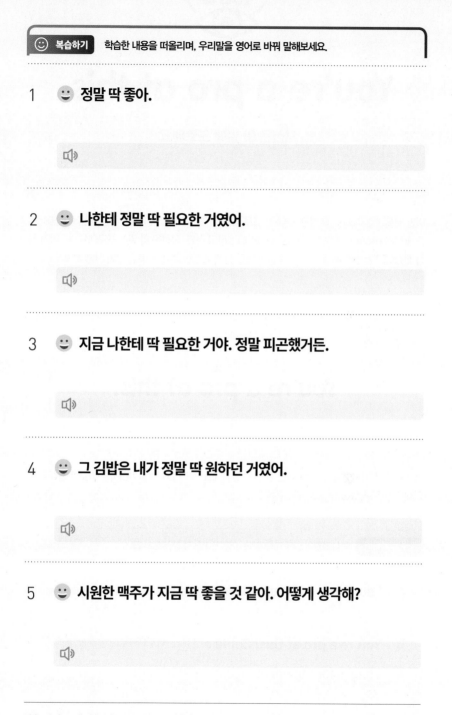

2 ☺ 나한테 정말 딱 필요한 거였어.

3 ☺ 지금 나한테 딱 필요한 거야. 정말 피곤했거든.

4 ☺ 그 김밥은 내가 정말 딱 원하던 거였어.

5 ☺ 시원한 맥주가 지금 딱 좋을 것 같아. 어떻게 생각해?

정답: 1. It really hits the spot! 2. It really hit the spot. 3. It really hits the spot right now. I was so tired. 4. That gimbap really hit the spot. 5. A cold beer would hit the spot right now. What do you think?

32

You're a pro at this.

당신은 이 일에 프로예요.

어떤 일을 전문적으로 잘 하는 사람을 '프로'라고 하죠? professional의 줄임말인데요. 영어로도 줄여서 pro라고 해요. You're a pro at this.라고 하면 '당신은 이 일에 프로예요' '너 이거 엄청 잘한다'라는 뜻이에요. 누군가가 일을 아주 잘해서 칭찬할 때 이 표현 한번 사용해 보세요.

| ✔ 섀도잉 | 섀도잉으로 핵심 표현을 훈련해보세요. | 32_1.mp3 |

You're a pro at this.

▶ 따라하기 ☐ ☐ ☐

영어는 같은 자음이 두 번 반복되면 한 번만 발음해요. at의 t와 this의 th처럼 비슷한 발음이 이어질 때는 뒤에 있는 것만 발음해 주세요.

| 💬 대화하기 | 핵심 표현이 실제 대화에서는 어떻게 쓰는지 확인해보세요. | 32_2.mp3 |

A : I don't know if I can make a good presentation.
내가 발표를 잘 할 수 있는지 모르겠어.

B : **You're a pro at this!** Come on! 너는 이 일에 프로야! 할 수 있어!

A : Thanks for the encouragement. 북돋아 줘서 고마워.

1 **내가 이걸 해낼 수 있을지 잘 모르겠어.**

I'm not sure I can pull this off.

> Don't worry. 걱정하지 마.
> **You're a pro at this.** 너는 이 일에 프로야.

＊pull off
(힘든 것을) 해내다

---

2 **누가 나를 위해 이 일을 할 수 있을까?**

Who can do this for me?

> You should talk to Helen. 헬렌에게 이야기해 봐.
> **She's a pro at it.** 그녀는 그 일에 프로야.

---

3 **누가 우리의 바이어를 설득할 수 있을까?**

Who can persuade our buyers?

> **Jinju is a pro at persuasion.**
> 진주가 설득의 전문가야.

＊persuade 설득하다

---

4 **누가 발표할 거야?**

Who is going to make the presentation?

> **Minji is a pro at making presentations.**
> 민지가 발표를 정말 잘해.

---

5 **나 이번 달에 세금 정산해야 돼.**

I have to do my taxes this month.

> Talk to Ben. 벤에게 물어봐.
> **He's a pro at it.** 그가 그 일에 전문가야.

비슷한
의미의
표현   어떤 분야에서 프로라는 것은 경험이 많다는 의미인데요. You're experienced at this.(너는 이 일에 능숙
하잖아) You're an expert at this.(너는 이 일에 전문가야)라고 해도 같은 의미가 돼요.

32_4.mp3

1   Can you do this for me?
이 일을 해 주실 수 있어요?

걱정 마세요. 제가 이 일에 전문가예요.

---

2   I'm so bad at cleaning.
나는 청소를 정말 못해.

앤이 청소 전문가야.

---

3   Can you finish the presentation by Friday?
금요일까지 발표를 끝낼 수 있어요?

물론이죠. 저는 발표를 정말 잘하거든요.

---

4   Who should I talk to about finances?
재정 문제에 관련해서 제가 누구와 이야기하면 되나요?

태호가 그 분야의 프로예요.

＊finances 재정 상태

---

5   I don't know what I'm going to do.
나 뭐 해야 할지 모르겠어.

너 자신을 믿어! 너는 프로야.

＊have faith in ~을 믿다

정답 : 1. Don't worry. I'm a pro at this. 2. Ann is a pro at cleaning. 3. Of course. I'm a pro at making presentations. 4. Taeho is a pro in that field. 5. Have faith in yourself! You're a pro.

 마무리하기   케이크 영상을 보며 학습을 마무리하세요.

1 😊 걱정하지 마. 너는 이 일에 프로야.

🔊

2 😊 벤에게 물어봐. 그가 그 일에 전문가야.

🔊

3 😊 진주가 설득의 전문가야.

🔊

4 😊 헬렌에게 이야기해 봐. 그녀는 그 일에 프로야.

🔊

5 😊 민지가 발표를 정말 잘해.

🔊

정답: 1. Don't worry. You're a pro at this. 2. Talk to Ben. He is a pro at it. 3. Jinju is a pro at persuasion. 4. You should talk to Helen. She's a pro at it. 5. Minji is a pro at making presentations.

33

Stop showing off.

자랑 좀 그만해.

극장이나 무대에서 하는 공연을 '쇼'라고 하죠? show에는 '보여주다'라는 뜻이 있는데요. show off가 되면 보여주는 것을 넘어 '자랑하다', '으스대다'라는 의미가 돼요. Stop showing off.는 우쭐거리며 자신의 물건이나 능력을 뽐내는 사람에게 쓸 수 있는 표현이에요. '자랑 좀 그만해', '잘난 척 그만해'라는 의미랍니다.

✓ 섀도잉   섀도잉으로 핵심 표현을 훈련해보세요.   33_1.mp3

Stop showing off.

▶ **따라하기** ☐ ☐ ☐

stop은 [스톱]이 아니라 [스땁]이라고 발음해요. 참고로 북미권에서는 ing로 끝나는 단어의 마지막 g를 생략해서 발음하기도 하는데요. showing off를 [쇼위너f]라고 발음하기도 한답니다.

💬 대화하기   핵심 표현이 실제 대화에서는 어떻게 쓰는지 확인해보세요.   33_2.mp3

A : My car is one of the nicest cars in the world.
　　내 차는 세상에서 가장 좋은 차 중 하나야.

B : **Stop showing off!** 자랑 좀 그만해!

A : Gosh! Sorry. 어머나! 미안.

1 👦 **나 수학 시험에서 또 A 받았어.**

I got an A on my math test again.

👧 **Stop showing off in front of us.**

We both got Ds.　우리 앞에서 자랑 좀 그만해. 우리는 D 받았어.

---

2 👧 **내 반지를 좀 봐! 이건 천만 달러야.**

Look at my ring! It's 10 million dollars.

👨 **Stop showing off.**　자랑 좀 그만해.

---

3 👦 **나 어제 새 카메라 샀어.**

I bought a new camera yesterday.

*show-off
과시적인 사람

👧 **Please stop showing off.**　제발 잘난 척 좀 그만해.

Nobody likes a show-off.　아무도 과시쟁이를 좋아하지 않아.

---

4 👧 **진호는 자신이 돈을 얼마나 버는지 말하는 걸 좋아하는 것 같아.**

I think Jinho likes to talk about how much money he makes.

👨 **He needs to stop showing off his money.**

그는 돈 자랑을 그만해야 해.

---

5 👦 **민디는 왜 항상 프랑스어로 말하는 거야?**

Why does Mindy speak French all the time?

👧 **She likes to show off how well she speaks French.**　그녀는 자신이 얼마나 프랑스어를 잘 하는지 뽐내는 걸 좋아해.

**비슷한
의미의
표현**　blow one's own horn은 '자기 자랑을 늘어놓다', '자화자찬하다'라는 표현이에요. '자만하지 마', '우쭐대지
마'라고 할 때는 Don't flatter yourself.라고 해요.

33_4.mp3

1   **This is my fifth car.**
이건 내 다섯 번째 자동차야.

자랑 좀 그만해!

2   **I can sing and dance at the same time.**
나는 노래하면서 동시에 춤출 수 있어.

자랑하려는 거야?

3   **Debbie is a wonderful writer.**
데비는 정말 멋진 작가야.

응, 그런데 그녀는 자랑을 너무 많이 해.

4   **Why did you say that?**
너 왜 그렇게 말했어?

나는 현정이 앞에서 계속 자랑하게 돼.

＊keep on ~을 계속하다

5   **You should tell Boram how successful you are.**
네가 얼마나 성공했는지 보람이에게 말해야 해.

나는 자랑하는 것처럼 보이고 싶지 않아.

정답: 1. Stop showing off! 2. Are you trying to show off? 3. Yeah, but she shows off too much. 4. I keep on showing off in front of Hyunjung. 5. I don't want to seem like showing off.

 **마무리하기**   케이크 영상을 보며 학습을 마무리하세요.

1 😊 **자랑 좀 그만해.**

🔊

---

2 😊 **우리 앞에서 자랑 좀 그만해. 우리는 D 받았어.**

🔊

---

3 😊 **그는 돈 자랑을 그만해야 해.**

🔊

---

4 😊 **제발 잘난 척 좀 그만해.**

🔊

---

5 😊 **그녀는 자신이 얼마나 프랑스어를 하는지 뽐내는 걸 좋아해.**

🔊

정답 : 1. Stop showing off. 2. Stop showing off in front of us. We both got Ds. 3. He needs to stop showing off his money. 4. Please stop showing off. 5. She likes to show off how well she speaks French.

34

It's up to you.

네가 결정해.

up to 뒤에 '대명사'를 넣으면 그 사람에게 결정권이 있다는 의미가 돼요. 그래서 It's up to you.는 '이것은 너의 결정에 달렸어'라는 표현이에요. 쉽게 말해 '너에게 달렸어', '네가 정해', '너 좋을 대로 해'라는 뜻이죠. you 대신 다른 대명사를 넣어도 돼요. It's up to me.는 '나에게 달렸다', It's up to her.은 '그녀에게 달렸다'라는 의미랍니다.

✓ 섀도잉   섀도잉으로 핵심 표현을 훈련해보세요.   34_1.mp3

It's up to you.

▶ **따라하기** ☐ ☐ ☐

결정권이 '너'에게 있다는 뜻이므로 you를 강조해서 발음해 주세요. 전체 문장을 발음할 때는 It's up이 연음되어 [잇썹투유]가 돼요.

💬 대화하기   핵심 표현이 실제 대화에서는 어떻게 쓰는지 확인해보세요.   34_2.mp3

A : Where are we going for lunch?   우리 점심 어디서 먹어?

B : **It's up to you.**   네가 정해.

A : Why does it have to be up to me all the time?

   왜 항상 내가 정해야 해?

1 👨 **저녁 뭐 먹고 싶어?**
What do you want for dinner?

👩 I'm not sure. 글쎄.
It's up to you. 너 좋을 대로 해.

2 👩 **회의는 언제 시작하나요?**
When is the meeting going to start?

👨 **It's not up to me.** 저에게 결정권이 없어요.
You'll have to ask Karen. 카렌 씨에게 여쭤보세요.

3 👨 **더블데이트 하고 싶어?**
Do you want to go on a double date?

👩 I don't know. 모르겠어.
It's up to my boyfriend. 그건 내 남자친구에게 달렸어.

4 👩 **대학을 어디로 갈지 결정했니?**
Have you made up your mind where to go to university?

👨 No. **It's up to my parents.**
아니요. 제 부모님의 결정에 달렸어요.

5 👨 **이번 주에 우리가 무엇을 먼저 해야 할지 알아야 해요.**
We need to know what to do first this week.

👩 **It's all up to John and he's not here.**
모든 게 존에게 달려있는데 그가 지금 여기에 없어요.

비슷한 의미의 표현 상대방에게 '이건 너의 결정에 달렸어'라고 할 때는 It's your decision.이라고 해요. 나의 결정에 달렸다면 It's my decision. 그의 결정에 달렸다면 It's his decision.이라고 한답니다.

147

34_4.mp3

1　**What are we going to do today?**
　　우리 오늘 뭐 할래?

　　　　　　네가 정해.

2　**He's going to move the furniture to the other room.**
　　그가 가구를 다른 방으로 옮길 거야.

　　　　　　그에게는 결정권이 없어.

3　**Do you want to invite them to the party?**
　　그들을 파티에 초대하고 싶어?

　　　　　　너 좋을 대로 해.

4　**Are we having the yearly meeting this Friday?**
　　연례 회의를 이번 주 금요일에 하나요?

　　　　　　그건 교장 선생님께 달렸어요.
＊principal 교장

5　**Who is going to be the next CEO?**
　　차기 CEO는 누가 되나요?

　　　　　　그건 주주들에게 달려 있어요.
＊stockholder 주주

정답 : 1. It's up to you.　2. It's not up to him.　3. It's up to you.　4. It's up to the principal.　5. It's up to the stockholders.

 **마무리하기**　케이크 영상을 보며 학습을 마무리하세요.

1 ☺ 제 부모님의 결정에 달렸어요.

🔊

2 ☺ 저에게 결정권이 없어요. 카렌 씨에게 여쭤보세요.

🔊

3 ☺ 글쎄. 너 좋을 대로 해.

🔊

4 ☺ 모르겠어. 그건 내 남자친구에게 달렸어.

🔊

5 ☺ 모든 게 존에게 달려있는데 그가 지금 여기에 없어요.

🔊

정답: 1. It's up to my parents. 2. It's not up to me. You'll have to ask Karen. 3. I'm not sure. It's up to you. 4. I don't know. It's up to my boyfriend. 5. It's all up to John and he's not here.

35

Save it!

그 이야기 그만해!

쓸데없는 소리를 늘어놓는 친구에게 Save it!이라고 하면 '그 이야기 그만해!', '적당히 해!'라는 의미가 돼요. 더 이상 듣고 싶지 않으니 멈추라는 뜻이죠. 하지만 부모님이 아이들에게 용돈을 주며 Save it!이라고 하면 '저금하렴!'이라는 의미가 돼요. 상황에 따라 의미가 달라지니 적절하게 해석해 주세요.

✓ **섀도잉** 섀도잉으로 핵심 표현을 훈련해보세요. 35_1.mp3

▶ **따라하기** ☐ ☐ ☐

Save의 Sa를 강하게 발음해 주세요. Save it은 연음되어 [쎄이v잇]이라고 발음돼요.

💬 **대화하기** 핵심 표현이 실제 대화에서는 어떻게 쓰는지 확인해보세요. 35_2.mp3

A : I know you stole my purse. 네가 내 지갑을 훔친 걸 알고 있어.

B : It wasn't me. I really didn't steal it.
나 아니야. 나는 정말로 훔치지 않았어.

A : **Save it!** I have proof. 그만해! 증거가 있어.

☺ 응용하기　핵심 표현을 다양한 상황에서 사용해보세요.　　35_3.mp3

1　그건 정말로 내가 아니었어.

I swear, it wasn't me.

> **Save it!** 그만해!
> I know you are lying.　네가 거짓말 하는 거 다 알아.

2　하지만 나는 할 말이 더 남았어!

But I have more to say!

> **Save it!** 그만해!

3　불평하고 싶지 않지만, 너는 항상…

I don't want to complain, but you always…

> **Save it!** 그만해!
> I'm sick of hearing you complain.
> 네가 불평하는 거 듣기 지겨워.

4　미안해. 나는 정말로 너에게 진실을 말하고 싶었어.

I'm sorry. I really wanted to tell you the truth.

> **Save it!** 그만해!
> I don't believe a word you're saying.
> 네가 하는 말 하나도 안 믿어.

5　나는 바람피우지 않았어.

I didn't cheat on you.

> **Save it!** I don't want to hear your lies.
> 그만해! 나는 너의 거짓말을 듣고 싶지 않아.

비슷한 의미의 표현　지금 말고 나중에 이야기하자고 할 때는 Not now.라고 해요. Be quiet!(조용히 해) Shut up!(입 닥쳐)은 잘 알고 있는 표현이죠? 세 문장 모두 굉장히 직설적인 표현이니 사용에 주의를 기울여 주세요

35_4.mp3

1   How could he say that to me?

그가 어떻게 나한테 그런 말을 할 수 있지?

그만해! 불평 좀 그만해!

---

2   So last week I hung out…

그러니까 지난주에 제가 놀았는데…

그만하세요. 우리는 잡담 할 시간이 없어요.

＊chit-chat 잡담, 수다

---

3   I'm telling you, it was John.

정말이야, 존이었다니까.

그만 좀 해! 존만큼 정직한 사람은 없어.

---

4   Let me tell you why you didn't get the promotion.

승진을 왜 못 했는지 알려드릴게요.

그만하세요. 저는 더 비참해지기 싫어요.

＊miserable 비참한

---

5   I'm very sorry about what happened the other night.

지난 밤에 있었던 일은 정말 미안해.

그만해! 나는 너의 변명을 듣고 싶지 않아.

＊excuse 변명

정답 : 1. Save it! Stop complaining! 2. Save it. We don't have time for chit-chat. 3. Save it! There's no one as honest as John. 4. Save it. I don't want to feel even more miserable. 5. Save it! I don't want to hear your excuses.

 **마무리하기**   케이크 영상을 보며 학습을 마무리하세요.

1   ☺ 그만해!

2   ☺ 그만해! 네가 거짓말 하는 거 다 알아.

3   ☺ 그만해! 네가 하는 말 하나도 안 믿어.

4   ☺ 그만해! 나는 너의 거짓말을 듣고 싶지 않아.

5   ☺ 그만해! 네가 불평하는 거 듣기 지겨워.

정답 : 1. Save it! 2. Save it! I know you are lying. 3. Save it! I don't believe a word you're saying. 4. Save it! I don't want to hear your lies. 5. Save it! I'm sick of hearing you complain.

36

I'm right around the corner.

거의 다 왔어.

be right around the corner는 '아주 가까운', '코앞의'라는 의미예요. 위치가 가까울 때뿐만 아니라 가까운 미래에 대해 이야기할 때도 사용할 수 있는 표현이에요. 그래서 I'm right around the corner.라고 하면 '나 거의 다 왔어.', '코앞이야'라는 뜻이 돼. right 대신에 just를 넣어서 I'm just around the corner.라고 해도 같은 의미가 된답니다.

✓ **섀도잉** 섀도잉으로 핵심 표현을 훈련해보세요. 36_1.mp3

I'm right around the corner.

▶ **따라하기** ☐ ☐ ☐

---

right를 강조해서 발음해 주세요. around the는 around의 d와 the의 th가 비슷한 발음이기 때문에 뒤에 있는 것만 발음해 [어라운더]라고 들려요.

💬 **대화하기** 핵심 표현이 실제 대화에서는 어떻게 쓰는지 확인해보세요. 36_2.mp3

A : Where on earth are you? 너 도대체 어디야?

B : **I'm right around the corner.** 나 거의 다 왔어.

A : OK. Get here as fast as you can.
알았어. 여기까지 최대한 빨리 와.

---

1 **지영아, 서둘러. 영화가 곧 시작해.**

Jiyoung, hurry up. The movie starts soon.

Don't worry. 걱정하지 마.

I'm right around the corner. 나 거의 다 왔어.

---

2 **벌써 11월 말이야.**

It's already the end of November.

 Christmas is right around the corner.

크리스마스가 코앞이야.

---

3 **제일 가까운 슈퍼마켓이 어디에 있어?**

Where is the nearest supermarket?

It's just around the corner.

바로 가까이에 있어.

---

4 **우체국은 어디에 있어?**

Where is the post office?

 The post office is right around the corner from my house.

우체국은 우리 집 바로 근처에 있어.

---

5 **너 이 동네에 살지 않았어?**

Didn't you used to live in this neighborhood?

I used to live right around the corner.

나는 바로 이 근처에 살았었어.

비슷한 의미의 표현 어떤 장소에 '거의 다 왔어'라고 할 때는 I'm almost there.라고 해요. I'll be there in 5.이라고 하면 '5분 뒤에 도착해'라는 뜻이에요.

155

36_4.mp3

1   It's already March!
벌써 3월이야!

네 생일이 곧이야.

2   Where do you live?
너 어디에 살아?

너희 집 바로 근처야.

3   Is the library in this area?
도서관이 이 근처에 있어?

바로 가까이에 있어.

4   Why are you so busy?
너 왜 그렇게 바빠?

프로젝트 마감이 코앞이야.

5   When is your wedding anniversary?
너는 결혼기념일이 언제야?

코 앞으로 다가왔어.

정답 : 1. Your birthday is just around the corner. 2. Just around the corner from your house. 3. It's just around the corner. 4. The project's deadline is just around the corner. 5. It's just around the corner.

 마무리하기   케이크 영상을 보며 학습을 마무리하세요.

1 ☺ 걱정하지 마. 나 거의 다 왔어.

🔊

2 ☺ 우체국은 우리 집 바로 근처에 있어.

🔊

3 ☺ 크리스마스가 코앞이야.

🔊

4 ☺ 바로 가까이에 있어.

🔊

5 ☺ 나는 바로 이 근처에 살았었어.

🔊

정답: 1. Don't worry. I'm right around the corner. 2. The post office is right around the corner from my house. 3. Christmas is right around the corner. 4. It's just around the corner. 5. I used to live right around the corner.

37

Want to hang out?

같이 놀래?

누군가와 함께 '놀다', '어울리다'라고 할 때 hang out을 쓰는데요. Want to hang out?은 Do you want to hang out?의 줄임말로 '같이 놀래?'라는 말이에요. 말할 때는 want to를 wanna로 줄여서 많이 사용해요. 참고로 play는 어린아이들이 소꿉놀이를 하거나 놀이터에서 노는 것을 의미하기 때문에 초등학교 이후부터는 대부분 hang out을 사용해요.

✓ **섀도잉** 섀도잉으로 핵심 표현을 훈련해보세요. 37_1.mp3

Want to hang out?

▶ **따라하기** ☐ ☐ ☐

---

want to는 연음되어 [원트투]가 아니라 [워누]라고 발음해요. want to의 줄임말인 wanna는 [워너]라고 발음되니 참고로 기억해 주세요.

💬 **대화하기** 핵심 표현이 실제 대화에서는 어떻게 쓰는지 확인해보세요. 37_2.mp3

A : What are you doing this weekend? 이번 주말에 뭐 해?

B : I don't have anything planned. Why?

　　나는 아무런 계획이 없어. 왜?

A : **Want to hang out?** 같이 놀래?

---

1 **너는 이거 끝나고 뭐 할 거야?**

What are you going to do after this?

I'm going to watch a movie with Jessica. **Want to hang out with us?**

나는 제시카랑 영화보러 갈 거야. 우리랑 같이 놀래?

---

2 **너는 주말에 주로 뭐 해?**

What do you usually do on the weekend?

I usually hang out with my friends.

나는 주로 친구들이랑 놀아.

---

3 **나는 방과 후에 항상 노아랑 놀아.**

I always hang out with Noah after school.

You shouldn't hang out with him.

너는 그와 어울리면 안 돼.

---

4 **오늘 밤에 같이 놀래?**

Do you want to hang out tonight?

I can't hang out tonight. 나는 오늘 밤에 못 놀아.
I have so much work to do. 나는 할 일이 너무 많아.

---

5 **지난 일요일에 뭐 했어?**

What did you do last Sunday?

I hung out with my friends all day.

나는 하루 종일 친구들이랑 놀았어.

비슷한
의미의
표현

Want to meet up?은 '만날래?'라는 의미예요. Want to meet up for a movie?라고 하면 '만나서 영화
볼래?'라는 의미가 돼요. Want to hang out and watch a movie?라고 해도 같은 뜻이랍니다.

37_4.mp3

1   **What are you doing tonight?**
너 오늘 밤에 뭐해?

나는 진주랑 놀 거야. 우리랑 같이 놀래?

2   **Who are you with?**
너 누구랑 같이 있어?

나는 대학 친구들이랑 놀고 있어.

3   **I don't know if I can meet up tonight.**
오늘 저녁에 만날 수 있을지 모르겠어.

그러면 다른 날 밤에 놀자.

4   **It was nice meeting you.**
만나서 반가웠어.

나도야. 다음에 만나서 같이 놀자.

5   **What did you do after work?**
너는 퇴근하고 뭐 했어?

나는 친구들이랑 카페에서 놀았어.

정답: 1. I'm going to hang out with Jinju. Want to hang out with us? 2. I'm hanging out with friends from college. 3. Then let's hang out another night. 4. Me too. Let's hang out together another time. 5. I hung out with my friends at a cafe.

 **마무리하기**   케이크 영상을 보며 학습을 마무리하세요.

1 😊 나는 주로 친구들이랑 놀아.

   🔊

2 😊 너는 그와 어울리면 안 돼.

   🔊

3 😊 나는 제시카랑 영화보러 갈 거야. 우리랑 같이 놀래?

   🔊

4 😊 나는 오늘 밤에 못 놀아. 나는 할 일이 너무 많아.

   🔊

5 😊 나는 하루 종일 친구들이랑 놀았어.

   🔊

정답 : 1. I usually hang out with my friends. 2. You shouldn't hang out with him. 3. I'm going to watch a movie with Jessica. Want to hang out with us? 4. I can't hang out tonight. I have so much work to do. 5. I hung out with my friends all day.

38

Are we done?

얘기 다 끝났어? / 우리 끝이야?

Are we done?은 직역하면 '우리 끝났어?'인데요. 진행 중이던 대화나 일이 끝난 건지 물어볼 때뿐만 아니라 연인 사이에서 끝이 난 건지 물어볼 때도 쓰이는 표현이에요. 의미를 강조하기 위해 종종 문장 끝에 here를 붙이기도 해요. 참고로 '끝이 난'이라는 의미의 done은 미국식 표현이고, 영국에서는 finished를 더 많이 사용한답니다.

✓ **섀도잉**　섀도잉으로 핵심 표현을 훈련해보세요.　38_1.mp3

Are we done?

▶ **따라하기** ☐ ☐ ☐

무언가가 '끝'이 난 것인지 물어보는 표현이기 때문에 done을 강조해서 발음해 주세요.

💬 **대화하기**　핵심 표현이 실제 대화에서는 어떻게 쓰는지 확인해보세요.　38_2.mp3

A : So that's how the story ends.　그렇게 이야기는 끝이 납니다.

B : **Are we done?**　끝났나요?

A : Yes. We'll continue next Wednesday.
　　네. 다음 주 수요일에 이어 갈게요.

---

1 몇 분 뒤에 종이 울릴 것 같아.

I think the bell is going to ring in a few minutes.

 Are we done then? 그럼 우리 끝난거야?

2 이야기 다 끝난 거야?

Are we done?

No, we are not done yet.

아니, 아직 안 끝났어.

3 이제 교과서에 있는 연습 문제를 모두 마쳤어요.

So now we've finished the exercises in the textbook.

Was there anything else, or are we done? 다른 게 더 있나요, 아니면 끝났나요?

4 얼마나 걸릴까?

How long will it take?

We'll be done in 20 minutes.

우리는 20분 뒤에 끝날 거야.

5 그는 왜 이렇게 오래 걸리는 거야?

What's taking him so long?

 I'm not sure, but he'll be done soon.
Let's wait 5 more minutes.

잘 모르겠지만, 그는 곧 끝날 거야. 5분만 더 기다리자.

비슷한 의미의 표현 영국에서는 done 대신 finished를 사용해 Are we finished?라고 해요. 참고로 Is this it?은 사랑하는 사람과 헤어지거나 오래 다녔던 회사에서 잘렸을 때 '이게 끝이야?', '이게 끝인가요?'라는 의미예요.

38_4.mp3

1 **That's good enough for today.**
오늘은 여기까지 할게요.

저희 그럼 끝난건가요?

---

2 **I'm working on a new movie.**
저는 새 영화를 구상 중이에요.

언제 끝내실 건가요?

---

3 **I'm still working.**
나는 아직 일하고 있어.

너 오늘 언제 끝나?

---

4 **When are we going to go to the park?**
우리 공원에 언제 가요?

아빠가 일이 끝나시면.

---

5 **How's it going with Julie?**
줄리랑 어떻게 되어 가고 있어?

우리 끝났어.

정답 : 1. Are we done then? 2. When will you be done? 3. When will you be done today? 4. When dad's done with his work. 5. We're done.

 **마무리하기**   케이크 영상을 보며 학습을 마무리하세요.

1 ☺ 잘 모르겠지만, 그는 곧 끝날 거야.

🔊

2 ☺ 다른 게 더 있나요, 아니면 끝났나요?

🔊

3 ☺ 우리는 20분 뒤에 끝날 거야.

🔊

4 ☺ 아니, 아직 안 끝났어.

🔊

5 ☺ 그럼 우리 끝난거야?

🔊

정답 : 1. I'm not sure, but he'll be done soon. 2. Was there anything else, or are we done? 3. We'll be done in 20 minutes. 4. No, we are not done yet. 5. Are we done then?

39

I've had enough.

참을 만큼 참았어.

I've had enough.는 무언가에 대해 '이제 지긋지긋하다', '참을 만큼 참았다'라고 할 때 쓸 수 있는 표현이에요. 어떠한 상황이 너무 화나고 진저리나서 더 이상 못 참겠다는 뜻이죠. 구체적으로 무엇 때문에 짜증이 났는지 설명할 때는 I've had enough of 뒤에 그 대상을 넣으면 돼요. 일상생활에서 자주 사용하니 유용한 표현이니 꼭 기억해 주세요.

✓ **섀도잉**   섀도잉으로 핵심 표현을 훈련해보세요.   39_1.mp3

I've had enough.

▶ **따라하기** ☐ ☐ ☐

무언가를 충분히 참았다는 의미로 had enough를 강조해서 발음해요. I've had는 발음하면 [아이v ㅔd]가 돼요. enough의 gh는 [f] 소리를 내주세요.

💬💬 **대화하기**   핵심 표현이 실제 대화에서는 어떻게 쓰는지 확인해보세요.   39_2.mp3

A : I can't believe you're still working for that company.

아직도 그 회사에서 일하고 계시다니 믿기지 않아요.

B : **I've had enough,** but I have to provide for the family.

지긋지긋하지만, 가족을 부양해야죠.

1 　**이건 다 네 잘못이야!**

It's all your fault!

　　　Stop it! 그만해!
　　　I've had enough. 참을 만큼 참았어.

2 　**사라는 그냥 친구야. 나는 바람피우지 않았어.**

Sarah is just a friend. I did not cheat on you.

　　　Don't lie to me! 나한테 거짓말하지 마!
　　　I've had enough of your lies.

　　　네 거짓말 이제 지긋지긋해.

3 　**윗집에 사는 아이가 또 펄쩍펄쩍 뛰고 있어.**

The kid living above us is jumping up and down again.

　　　I've had enough of this. 더 이상 이걸 못 참겠어.

4 　**내가 이 세상에서 제일 안 좋은 직업을 가진 것 같아.**

I feel like I have the worst job in the world.

　　　I've had enough of your complaining.

　　　네가 불평하는 거 이제 진절머리 나.

5 　**너 오늘 왜 그만뒀어?**

Why did you quit today?

　　　I've had enough of my boss yelling at
*yell 소리 지르다 　　**me all day.** 상사가 온종일 나한테 소리 지르는 게 지긋지긋해.

비슷한
의미의
표현
　무언가가 너무 지긋지긋하고 진절머리가 날 때는 I'm fed up.(지겨워) I'm sick and tired of it.(신물이 나)
　I can't stand it anymore.(더 이상 못 참아)이라고 표현해요.

39_4.mp3

1   **I'm so sick and tired of this job.**

나는 이 일이 너무 지긋지긋해.

나도 지긋지긋해.

---

2   **Jinsu is smoking in the apartment again.**

진수가 아파트에서 또 담배를 피우고 있어.

더 이상 이걸 못 참겠어.

---

3   **Are you saying you want to break up with me?**

지금 나랑 헤어지자고 하는 거야?

응, 나는 참을 만큼 참았어.

---

4   **Let me tell you what happened last night.**

지난밤에 무슨 일이 있었는지 말해 줄게.

네 변명 이제 지겨워.

---

5   **Why do you look so down today?**

너 오늘 왜 이렇게 우울해 보여?

내 불행한 인생이 지긋지긋해.

＊miserable 비참한, 불행한

정답 : 1. I've had enough, too. 2. I've had enough of this. 3. Yeah, I've had enough. 4. I've had enough of your excuses. 5. I've had enough of my miserable life.

 **마무리하기** 케이크 영상을 보며 학습을 마무리하세요.

1　☺ **그만해! 참을 만큼 참았어.**

🔊

2　☺ **네가 불평하는 거 이제 진절머리 나.**

🔊

3　☺ **더 이상 이걸 못 참겠어.**

🔊

4　☺ **나한테 거짓말하지 마! 네 거짓말 이제 지긋지긋해.**

🔊

5　☺ **상사가 온종일 나한테 소리 지르는 게 지긋지긋해.**

🔊

정답: 1. Stop it! I've had enough. 2. I've had enough of your complaining. 3. I've had enough of this. 4. Don't lie to me! I've had enough of your lies. 5. I've had enough of my boss yelling at me all day.

You're grounded.

너 외출 금지야.

영어권 국가에 사는 청소년들이 가장 두려워하는 벌 중 하나가 바로 '외출 금지'예요. 외출 금지는 아이들이 심하게 사고를 쳤거나 잘못을 했을 때 일정기간 동안 집 밖으로 나가지 못하는 벌을 말해요. be grounded가 '외출 금지를 당하다'라는 뜻인데요. 그래서 You're grounded!라고 하면 '너 외출 금지야!'라는 의미가 된답니다.

| ✓ 섀도잉 | 섀도잉으로 핵심 표현을 훈련해보세요. | 40_1.mp3 |

You're grounded.

▶ 따라하기 ☐ ☐ ☐

grounded처럼 자음이 첫 글자이면서 두 개 이상 붙어 있을 때는 마지막 자음을 강조해서 발음해요. g를 약하게 발음한 뒤 rounded라고 발음해 주세요.

| 💬 대화하기 | 핵심 표현이 실제 대화에서는 어떻게 쓰는지 확인해보세요. | 40_2.mp3 |

A : How could you cheat on the test!
어떻게 시험 칠 때 부정행위를 할 수가 있니!

B : Mom, I'm sorry. 엄마, 죄송해요.

A : **You're grounded for a week.** 너 일주일 동안 외출 금지야.

1 왜 그렇게 시무룩한 표정이야?

Why the long face?

I'm grounded for a month.

나 한 달 동안 외출 금지야.

2 너 왜 또 외출 금지야?

Why are you grounded again?

I'm grounded because I didn't do my homework. 나는 숙제를 안 해서 외출 금지야.

3 미안, 나는 같이 못 가.

Sorry, I can't join you.

Are you grounded, again?

너 또 외출 금지야?

4 이번 주말에 놀이동산에 가자.

Let's go to an amusement park this weekend.

I can't. **I'm grounded until next Tuesday.**

나는 안 돼. 다음 주 화요일까지 외출 금지거든.

5 너 왜 이렇게 일찍 가는 거야?

Why are you leaving so early?

My parents are going to ground me if I don't come home before my curfew.

＊curfew 통금 시간   통금 시간 전에 집에 안 들어가면 부모님이 외출 금지 시키실 거야.

비슷한 의미의 표현   punish는 '벌을 주다'라는 뜻이지만, 굉장히 무섭고 무거운 벌이라는 느낌이 강해요. My parents are punishing me for my behavior.은 '부모님이 내 태도 때문에 벌을 주고 계셔'라는 의미랍니다.

40_4.mp3

1   **Why can't you come with us?**
너는 우리랑 같이 왜 못 가?

나 외출 금지야.

2   **How long are you grounded for this time?**
너 이번에는 언제까지 외출 금지야?

나 3주 동안 외출 금지야.

3   **Let's go to the baseball game tonight.**
오늘 밤에 야구 경기 보러 가자.

나는 안 돼. 외출 금지 당했어.

4   **When can we have the party?**
우리 파티는 언제 할까?

나 금요일까지 외출 금지야.

5   **Mom, I won't lie to you again.**
엄마, 다시는 거짓말하지 않을게요.

너 일주일 동안 외출 금지야.

정답: 1. I'm grounded. 2. I'm grounded for three weeks. 3. I can't. I'm grounded. 4. I'm grounded until Friday. 5. You're grounded for a week.

 **마무리하기** 케이크 영상을 보며 학습을 마무리하세요.

1　😊 **나 한 달 동안 외출 금지야.**

🔊

2　😊 **너 또 외출 금지야?**

🔊

3　😊 **나는 안 돼. 다음 주 화요일까지 외출 금지거든.**

🔊

4　😊 **나는 숙제를 안 해서 외출 금지야.**

🔊

5　😊 **통금 시간 전에 집에 안 들어가면 부모님이 외출 금지 시키실 거야.**

🔊

정답: 1. I'm grounded for a month.　2. Are you grounded, again?　3. I can't. I'm grounded until next Tuesday.　4. I'm grounded because I didn't do my homework.　5. My parents are going to ground me if I don't come home before my curfew.

41

I'm getting the shivers.

소름 돋아.

get the shivers는 '오싹해지다', '소름이 돋다'라는 표현이에요. 추워서 오싹해질 수도, 무서워서 오싹해질 수도 있는데요. 두 경우 모두 사용할 수 있어요. shiver에 추위나 두려움으로 '몸을 떨다', '한기', '오싹한 느낌'이라는 의미가 있기 때문이에요. 참고로 이 표현을 사용할 때는 shiver 뒤에 항상 s가 붙어요. 유의해서 사용해 주세요.

✓ 섀도잉　섀도잉으로 핵심 표현을 훈련해보세요.　　　41_1.mp3

I'm getting the shivers.

▶ **따라하기** ☐ ☐ ☐

---

getting의 t는 [ㄹ] 소리가 되어 [게링]이라고 발음돼요. shivers의 [v]를 발음할 때는 윗니를 아랫입술에 살짝 대고 그 틈으로 공기를 진동시키며 내보내 주세요.

👄 대화하기　핵심 표현이 실제 대화에서는 어떻게 쓰는지 확인해보세요.　　　41_2.mp3

A : I heard a ghost lives in this building.
　　 이 건물에 귀신이 산다고 들었어.

B : **I'm getting the shivers.**　소름 돋아.

A : I don't think it's true though.　근데 난 그게 사실이 아닌 것 같아.

---

1 이 오래된 집은 너무 어두워. 여기서 어서 나가자.
This old house is so dark. Let's get out of here.

> **Yeah, I'm getting the shivers.** 그래, 나 소름 돋아.
> My hair is standing up. 내 털이 곤두섰어.

---

2 너 방금 들었어?
Did you just hear something?

> Hmm⋯ No? **I'm getting the shivers.**
> 음⋯ 아니? 나 소름 돋아.

---

3 어머, 이 영화 너무 무섭다!
Oh my gosh, this movie is so scary!

> **I know, it's giving me the shivers.**
> 그러게, 이게 날 오싹하게 하네.

---

4 크리스틴, 이불 필요해?
Christine, do you need a blanket?

> Yes, it's cold in here. 응, 여기 추워.
> **I'm getting the shivers.** 오싹해.

---

5 너는 그녀와 정말 사랑에 빠졌구나.
You really seem to be in love with her.

> **Whenever I think of her, I get the shivers.**
> 나는 그녀를 생각할 때마다 떨려.

비슷한
의미의
표현   날씨가 춥거나 무언가가 무서울 때 '소름 돋는다'라고도 하지만, '닭살 돋는다'라고도 하죠? I'm getting
goose bumps.는 '소름 돋아', '닭살 돋아'라는 뜻이에요.

41_4.mp3

1   **This haunted house is really fun!**

이 유령의 집 정말 재미있어!

너 오싹한 거 좋아하구나.

---

2   **Can we get out of here? This place is really creepy.**

우리 여기서 나갈래? 여기 정말 으스스하다.

그래, 나도 오싹해.

＊creepy 으스스한, 오싹한

---

3   **Look at that strange guy!**

저 이상한 남자 좀 봐!

저 남자 때문에 나 소름 돋아.

---

4   **I heard you have a blind date tomorrow.**

너 내일 소개팅 있다고 들었어.

응, 나는 벌써 떨려.

---

5   **Are you ready for tomorrow's interview?**

너 내일 인터뷰 준비됐어?

아니, 인터뷰 생각하니까 벌써 떨려.

정답: 1. I guess you like getting the shivers. 2. OK, I'm getting the shivers too. 3. That guy gives me the shivers. 4. Yes, I'm already getting the shivers. 5. No, I'm already getting the shivers thinking about the interview.

마무리하기   케이크 영상을 보며 학습을 마무리하세요.

1 😊 아니? 나 소름 돋아.

🔊

2 😊 이게 날 오싹하게 하네.

🔊

3 😊 응, 여기 추워. 오싹해.

🔊

4 😊 나 소름 돋아. 내 털이 곤두섰어.

🔊

5 😊 나는 그녀를 생각할 때마다 떨려.

🔊

정답: 1. No? I'm getting the shivers. 2. It's giving me the shivers. 3. Yes, it's cold in here. I'm getting the shivers. 4. I'm getting the shivers. My hair is standing up. 5. Whenever I think of her, I get the shivers.

42

Is this complimentary?

이거 무료인가요?

'무료'라고 하면 free가 가장 먼저 떠오르지만, complimentary도 '무료의'라는 의미가 있어요. 그래서 상대방에게 '이것은 무료인가요?'라고 물을 때 Is this complimentary?라고 해요. 주로 호텔 물건에 complimentary라고 적혀있는 경우가 많은데요. 이는 호텔에서 무료로 제공하는 제품이라고 생각하고 가져가면 돼요. 단어의 뜻을 모르면 손해겠죠?

✓ **섀도잉**   섀도잉으로 핵심 표현을 훈련해보세요.   42_1.mp3

Is this complimentary?

▶ **따라하기** ☐ ☐ ☐

'이 물건'이 무료인지 물어보는 것이기 때문에 this를 강조해 주세요. complimentary는 강세가 men에 있지만, 질문이기 때문에 ry를 더 올려서 발음해요.

💬 대화하기   핵심 표현이 실제 대화에서는 어떻게 쓰는지 확인해보세요.   42_2.mp3

A: Here is the bottle of water you asked for.
요청하신 물 여기 있습니다.

B: **Is this complimentary?**   이거 무료인가요?

A: No. We only provide two bottles for free each day.
아니요. 저희는 매일 두 병만 무료로 제공해 드립니다.

---

1 **이 물 마셔도 되나요?**
Can I drink this water?

Yes, it is complimentary. 네, 무료예요.

---

2 **우와! 호텔방에 공짜 음식이 정말 많다.**
Wow! There's so much free food in the hotel room.

I don't think it's all complimentary.
다 무료인 건 아닐 거야.

---

3 **미니바에 있는 음료를 모두 다 마셔도 돼?**
Can I drink everything in the minibar?

No. **If it doesn't say 'complimentary,' then don't drink it.** 아니. '무료'라고 적혀있지 않으면, 마시지 마.

---

4 **너 정말 좋은 시간을 보냈다고 들었어.**
I heard you had a wonderful time.

Yes! **The hotel gave us a complimentary bottle of champagne.**
응! 호텔에서 우리에게 무료 샴페인을 줬어.

---

5 **나한테 물어보고 싶은 게 있다고?**
You wanted to ask me something?

I have complimentary tickets for the baseball game. Wanna go?
나한테 야구 경기 무료 티켓이 있어. 같이 갈래?

비슷한 의미의 표현 Is it free?는 '공짜인가요?'라는 의미예요. 반대로 공짜로 주는 입장에서는 It's on the house.라고 해요. 우리나라에서는 무언가를 무료로 줄 때 '서비스'라고 하지만, service에는 '무료'라는 의미가 없어요.

42_4.mp3

1   **Can I drink everything in here?**

여기 있는 거 내가 전부 마셔도 돼?

> 아니, 물만 무료야.
>

---

2   **Can I eat everything in here?**

여기 있는 거 내가 다 먹어도 돼?

> 아니. 미니바는 무료가 아니야.
>

---

3   **What's unique about this resort?**

이 리조트가 특별한 이유는 뭐야?

> 미니바에 있는 모든 게 다 무료야.
>

---

4   **How can I get to the night market?**

야시장에는 어떻게 갈 수 있어?

> 무료 셔틀 버스가 오후 6시에 야시장에 가.
>

---

5   **What are you doing this weekend?**

너 이번 주말에 뭐해?

> 무료 콘서트 티켓이 있어서 거기에 갈 예정이야.
>

정답: 1. No, only the water is complimentary.   2. No. The minibar is not complimentary.   3. Everything in the minibar is complimentary.   4. A complimentary shuttle bus runs to the night market at 6 p.m. 5. I have complimentary tickets to a concert and am planning to go there.

 **마무리하기**   케이크 영상을 보며 학습을 마무리하세요.

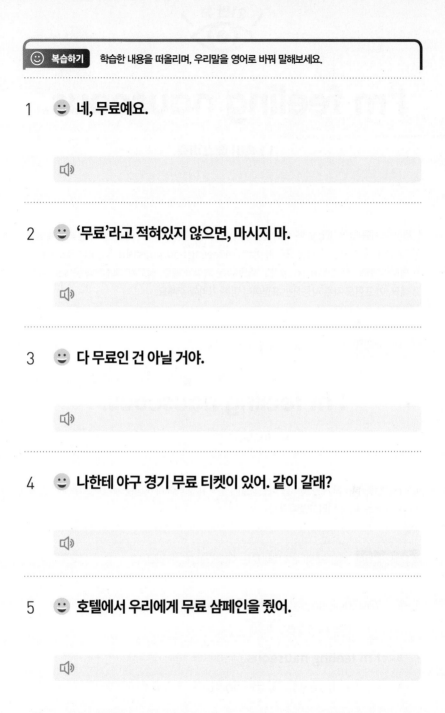
1　😊 네, 무료예요.

🔊

2　😊 '무료'라고 적혀있지 않으면, 마시지 마.

🔊

3　😊 다 무료인 건 아닐 거야.

🔊

4　😊 나한테 야구 경기 무료 티켓이 있어. 같이 갈래?

🔊

5　😊 호텔에서 우리에게 무료 샴페인을 줬어.

🔊

정답: 1. Yes, it is complimentary.　2. If it doesn't say 'complimentary,' then don't drink it.　3. I don't think it's all complimentary.　4. I have complimentary tickets for the baseball game. Wanna go?　5. The hotel gave us a complimentary bottle of champagne.

43

I'm feeling nauseous.

나 속이 메스꺼워.

느끼한 음식을 많이 먹었을 때 속이 메스껍지 않나요? 자동차나 배가 흔들릴 때는 속이 울렁거리죠? 그때 쓸 수 있는 유용한 표현이 바로 I'm feeling nauseous.예요. '나 속이 메스꺼워'라는 의미인데요. I feel nauseous.라고 해도 같은 의미가 돼요. 참고로 '메스꺼움'은 nausea라고 해요. 이 표현도 자주 사용하는 표현이니 함께 기억해 주세요.

| ✓ 섀도잉 | 섀도잉으로 핵심 표현을 훈련해보세요. | 43_1.mp3 |

I'm feeling nauseous.

▶ 따라하기 ☐ ☐ ☐

feeling의 f를 발음할 때는 윗니를 아랫입술에 살짝 댄 상태에서 바람을 세게 내보내 주세요.
nauseous는 [너셔스]라고 발음해요.

| 💬 대화하기 | 핵심 표현이 실제 대화에서는 어떻게 쓰는지 확인해보세요. | 43_2.mp3 |

A: You look so pale. What's wrong?
너 너무 창백해 보여. 무슨 일 있어?

B: **I'm feeling nauseous.** 나 속이 메스꺼워.

A: Let me take you to the doctor's. 내가 병원에 데려다줄게.

1 너 오늘 안색이 안 좋아 보여.
You don't look well today.

I'm feeling nauseous. 나 속이 메스꺼워.

---

2 저 냄새는 뭐지?
What's that smell?

I don't know, but it's making me feel nauseous. 뭔지 모르겠지만, 저 냄새 때문에 속이 메스꺼워.

---

3 점심 뭐 먹고 싶어?
What do you want for lunch?

I don't think I can eat lunch today.
I feel nauseous. 나 오늘 점심 못 먹을 것 같아. 속이 메스꺼워.

---

4 나 속이 좀 안 좋아.
I feel a bit sick.

It's natural feeling nauseous after taking this medication.

＊medication 약　이 약을 먹고 속이 메스꺼운 건 자연스러운 거야.

---

5 나 토할 것 같아.
I feel like throwing up.

If you feel nauseous, go to the hospital immediately. 속이 메스꺼우면, 즉시 병원에 가.

＊immediately 즉시

비슷한
의미의
표현

'속이 안 좋다'라고 할 때 쓰는 표현은 다양해요. I feel sick.은 '속이 안 좋아' I feel like throwing up.은 '토할 것 같아'라는 뜻이에요. 배를 타서 속이 메스꺼우면 I feel seasick.(뱃멀미가 심해)이라고 해요.

43_4.mp3

1   How's the coffee?

커피 맛이 어때?

아직 안 마셨어. 나 속이 메스꺼워.

2   You don't look so well.

너 안색이 안 좋아 보여.

나 어지럽고 속이 메스꺼워.

＊dizzy 어지러운

3   Are you okay being on the boat?

너 배에 있는 거 괜찮아?

아니, 나 속이 메스꺼워.

4   We're going to eat pizza for dinner.

우리는 저녁으로 피자 먹을거야.

나는 안 먹을래. 속이 메스꺼워.

5   I think I'm going to throw up.

나 토할 것 같아.

속이 메스꺼우면, 양호실에 가봐.

＊nurse's office 양호실

정답 : 1. I haven't tried it yet. I'm feeling nauseous. 2. I feel dizzy and nauseous. 3. No, I feel nauseous. 4. I'm not going to eat. I'm feeling nauseous. 5. If you're feeling nauseous, go to the nurse's office.

마무리하기 케이크 영상을 보며 학습을 마무리하세요.

1 ☺ 나 속이 메스꺼워.

🔊

2 ☺ 나 오늘 점심 못 먹을 것 같아. 속이 메스꺼워.

🔊

3 ☺ 속이 메스꺼우면, 즉시 병원에 가.

🔊

4 ☺ 뭔지 모르겠지만, 저 냄새 때문에 속이 메스꺼워.

🔊

5 ☺ 이 약을 먹고 속이 메스꺼운 건 자연스러운 거야.

🔊

정답 : 1. I'm feeling nauseous. 2. I don't think I can eat lunch today. I feel nauseous. 3. If you feel nauseous, go to the hospital immediately. 4. I don't know, but it's making me feel nauseous. 5. It's natural feeling nauseous after taking this medication.

You are on your own.

네가 알아서 해.

누군가에게 도움을 청했는데 You are on your own.이라고 하면 '네가 알아서 해', '너 혼자의 힘으로 해결해'라는 의미예요. 다른 사람의 도움을 받을 수 없는 상황이기 때문에 무언가를 스스로 처리해야 한다는 뜻이죠. 여기서 on one's own은 '혼자', '혼자 힘으로'라는 표현이에요. '나 혼자서'는 on my own, '그녀 혼자서'는 on her own이라고 한답니다.

✓ **섀도잉**　섀도잉으로 핵심 표현을 훈련해보세요.　44_1.mp3

You are on your own.

▶ **따라하기** ☐ ☐ ☐

이 문장은 주어인 You와 on을 강조해서 발음해요. 강조를 안 할 때는 You are을 You're로 축약해서 말하는 경우가 많아요.

💬 **대화하기**　핵심 표현이 실제 대화에서는 어떻게 쓰는지 확인해보세요.　44_2.mp3

A : Mom, can you help me clean my room?

엄마, 제가 방 청소하는 것 좀 도와주실래요?

B : Sorry, Jake. **You're on your own.** I have to go to the bank.

미안해, 제이크. 네가 알아서 하렴. 나는 은행에 가야 해.

A : Oh man.　아이고 이런.

---

1 내가 설치하는 것 좀 도와줄래?
Can you help me set up?

Sorry, you're on your own today.
I'm really busy. 미안, 오늘은 너 혼자 해야 해. 내가 정말 바빠.

2 아빠! 점심 도시락을 집에 놔두고 왔어요.
Dad, I left my lunchbox at home.

I'm at work. 나는 지금 회사에 있어.
You're on your own. 네가 알아서 해결하렴.

3 인생은 네 생각만큼 쉽지 않을 거야.
Life won't be as easy as you think it will be.

I know I'm on my own once I get into university. 대학교에 가면 스스로 해야 한다는 거 알고 있어요.

4 너 내가 빚 갚는 거 도와주지 않을 거야?
Aren't you going to help me pay off my debt?

You're on your own. 네가 알아서 해.
Don't expect any help from me. 나에게 아무런 도움을 바라지 마.

5 훈련이 래리에게 모두 도움이 되면 좋겠어.
I hope all the training will help Larry.

Yeah, but once he's up on stage, he's on his own. 응, 그렇지만 일단 무대 위에 올라가면, 그가 알아서 해야 해.

비슷한 의미의 표현 무언가를 스스로 하라는 표현은 여러 가지가 있어요. Do it yourself!는 '네가 직접 해!'라는 직설적인 표현이에요. 네 책임이니까 '네가 알아서 해'라고 할 때는 You take care of it.이라고 해요.

44_4.mp3

1   **Can someone help me with this?**

누가 이것 좀 도와줄래?

그래, 하지만 다음에는 너 스스로 해야 해.

2   **You looked stressed.**

너 스트레스 받은 것 같아.

응, 이 프로젝트를 혼자서 해야 해.

3   **Jenny has so much debt!**

제니가 빚이 엄청 많데!

안됐다. 그녀가 알아서 갚겠지.

＊pay off (돈을) 갚다

4   **Can you help me with this speech?**

내가 이 연설을 하는 걸 좀 도와줄래?

미안하지만, 네가 알아서 해.

5   **How could your parents not help you?**

너희 부모님은 어떻게 너를 안 도와주실 수 있어?

그들이 앞으로는 스스로 하라고 하셨어.

＊from now on 앞으로는

정답： 1. OK, but you're on your own next time. 2. Yeah, I'm on my own with this project. 3. Too bad. She's on her own to pay it off. 4. Sorry, but you are on your own. 5. They told me I'm on my own from now on.

마무리하기   케이크 영상을 보며 학습을 마무리하세요.

1 😊 **네가 알아서 해결하렴.**

    🔊

2 😊 **미안, 오늘은 너 혼자 해야 해.**

    🔊

3 😊 **대학교에 가면 스스로 해야 한다는 거 알고 있어요.**

    🔊

4 😊 **네가 알아서 해.**

    🔊

5 😊 **응, 그렇지만 일단 무대 위에 올라가면, 그가 알아서 해야 해.**

    🔊

정답 : 1. You're on your own. 2. Sorry, you're on your own today. 3. I know I'm on my own once I get into university. 4. You're on your own. 5. Yeah, but once he's up on stage, he's on his own.

Can we start over?

우리 다시 시작하면 안 될까?

start는 '시작하다'라는 뜻이죠? start over는 지금까지의 일은 다 잊어버리고 처음부터 다시 시작하자고 할 때 쓰는 표현이에요. start again도 비슷한 의미를 가지고 있지만, 어떤 일을 중단했다가 다시 시작한다고 할 때도 쓸 수 있기 때문에 맨 처음부터 다시 시작한다고 할 때는 start over가 더 적절해요.

✔ **섀도잉**　섀도잉으로 핵심 표현을 훈련해보세요.　　　45_1.mp3

Can we start over?

▶ **따라하기** ☐ ☐ ☐

---

can은 강조하지 않을 때 [큰]이라고 발음해요. start over는 [ㄹ] 소리로 연음되어 [s따로v ㅓ]라고 발음돼요.

💬💬 **대화하기**　핵심 표현이 실제 대화에서는 어떻게 쓰는지 확인해보세요.　　45_2.mp3

A : I can't believe you were lying to me this whole time!

이때까지 네가 나한테 거짓말을 했다니 믿기지가 않아!

B : I'm sorry. **Can we start over?**　미안해. 우리 다시 시작하면 안 될까?

A : I don't know. I have to think about it.　모르겠어. 생각해 봐야겠어.

---

1   이렇게는 안 될 것 같아.

This is not going to work.

Let's just start over. 그냥 다시 시작하자.

---

2   이혼해.

I want a divorce.

It's all my fault. 다 내 잘못이야.
Can we start over? 우리 다시 시작하면 안 될까?

---

3   내 프레젠테이션이 마음에 안 들어.

I don't like my presentation.

It's OK. 괜찮아.
You can start over. 다시 시작하면 돼.

---

4   다시 시작하기에 너무 늦은 거 아닐까?

Isn't it too late to start over?

No, it's not too late to start over.
아니, 다시 시작하기에 너무 늦지 않았어.

---

5   우리 너무 멀리 왔어. 다시 돌아갈 수 없어.

We've come too far. There's no turning back.

I wish we could start over.
우리가 다시 시작할 수 있으면 좋겠어.

비슷한 의미의 표현   맨 처음으로 돌아가는 표현에는 여러 가지가 있어요. Let's start fresh.는 '새롭게 시작하자'라는 의미예요. Let's go back to square one. Let's start with a clean slate.는 '원점으로 돌아가자'라는 뜻이에요.

45_4.mp3

1 I want to break up with you.

나 너랑 헤어지고 싶어.

내가 미안해. 다시 시작하자.

---

2 This way of doing it is going nowhere.

이렇게 하면 아무런 성과를 못 봐.

우리는 다시 시작해야 해.

＊go nowhere 성과를 못 보다

---

3 We lost in court.

우리가 법정에서 졌어.

우리가 모든 걸 다시 시작할 수 있으면 좋겠어.

＊court 법정, 법원

---

4 Can we start over?

우리 다시 시작할까?

아니, 다시 시작하기에 너무 늦었어.

---

5 There is no future in us.

우리에게 미래는 없어.

우리 다시 시작하면 안 될까?

정답 : 1. I'm sorry. Let's start over.　2. We have to start over.　3. I wish we could start all over again.
4. No, it's too late to start over.　5. Can we start over?

마무리하기 　케이크 영상을 보며 학습을 마무리하세요.

1　😊 **다 내 잘못이야. 우리 다시 시작하면 안 될까?**

🔊

2　😊 **그냥 다시 시작하자.**

🔊

3　😊 **괜찮아. 다시 시작하면 돼.**

🔊

4　😊 **다시 시작하기에 너무 늦지 않았어.**

🔊

5　😊 **우리가 다시 시작할 수 있으면 좋겠어.**

🔊

정답 :　1. It's all my fault. Can we start over?　2. Let's just start over.　3. It's OK. You can start over.　4. It's not too late to start over.　5. I wish we could start over.

46

Grow up.

철 좀 들어.

나이에 어울리는 말과 행동을 못하는 사람에게 '철 좀 들어!'라고 하지 않나요? grow up은 원래 '자라다', '성장하다'라는 의미인데요. 다 큰 어른에게 Grow up!이라고 하면 성장하라는 뜻이 아니라 '철 좀 들어!'라는 의미가 돼요. 나이에 비해 나잇값을 못하거나 세상 물정 모르고 행동하는 사람에게 주로 쓰이는 표현이에요.

| ✓ 섀도잉 | 섀도잉으로 핵심 표현을 훈련해보세요. | 46_1.mp3 |

Grow up.

▶ **따라하기** ☐ ☐ ☐

상대방에게 화가 나거나 짜증이 났을 때 Grow up!이라고 하는 경우가 많아요. Grow up, 두 단어를 모두 강조해 짜증 섞인 목소리로 소리쳐 주세요.

| 💬 대화하기 | 핵심 표현이 실제 대화에서는 어떻게 쓰는지 확인해보세요. | 46_2.mp3 |

A : Why are you still in bed? 너 왜 아직도 침대에 있어?

B : I don't want to go to work today.
나 오늘 회사 가기 싫어.

A : **Grow up!** 철 좀 들어!

1 **이것 좀 해 줄래?**

Can you do this for me?

 Grow up! 철 좀 들어!
You're not a baby anymore.

너는 더 이상 아기가 아니야.

---

2 **오늘 학교에 가기 싫어요.**

I don't want to go to school today.

 When will you grow up? 너 언제 철들래?

---

3 **그는 45살인데 아직도 부모님께 손을 벌려.**

He is 45 and still depends on his parents for money.

 He needs to grow up. 그는 철이 좀 들어야 돼.

---

4 **내 아들은 주말 내내 비디오 게임만 해.**

My son plays video games the whole weekend.

 My daughter needs to grow up too.

내 딸도 철이 좀 들어야 돼.

---

5 **내가 왜 미안하다고 해야 해?**

Why should I say sorry?

 Grow up and take some
responsibility for what you did.

*take responsibility for
~을 책임지다

철 좀 들어서 네가 한 행동에 책임을 져.

**비슷한
의미의
표현**   나이 든 사람이 몰상식한 행동을 할 때 Stop being a baby!(아기처럼 굴지 매) 또는 Stop being so
immature!(미성숙하게 행동하지 매)라고 할 수 있어요.

46_4.mp3

1 **Seyeong is still at home sleeping.**

세영이는 아직도 집에서 자고 있어.

그녀는 철이 들어야 돼.

---

2 **Your son didn't do his homework again.**

아드님이 또 숙제를 안 했어요.

제 아들은 정말 철이 좀 들어야 돼요.

---

3 **Are they still watching cartoons on TV?**

그들이 아직도 TV로 만화를 보는 중이야?

그들은 철이 좀 들어야 돼.

---

4 **Did you fight with your brother again?**

너 오빠랑 또 싸웠어?

응. 그는 언제 철이 들까?

---

5 **Dad, I want to get a new phone.**

아빠, 새 핸드폰이 갖고 싶어요.

너 언제 철들래?

정답: 1. She needs to grow up. 2. My son really needs to grow up. 3. They need to grow up. 4. Yes. When will he grow up? 5. When will you grow up?

 마무리하기   케이크 영상을 보며 학습을 마무리하세요.

1   ☺ 그는 철이 좀 들어야 돼.

🔊

2   ☺ 너 언제 철들래?

🔊

3   ☺ 내 딸도 철이 좀 들어야 돼.

🔊

4   ☺ 철 좀 들어! 너는 더 이상 아기가 아니야.

🔊

5   ☺ 철 좀 들어서 네가 한 행동에 책임을 져.

🔊

정답: 1. He needs to grow up. 2. When will you grow up? 3. My daughter needs to grow up too. 4. Grow up! You're not a baby anymore. 5. Grow up and take some responsibility for what you did.

47

I'm in good shape.

컨디션이 좋아.

be in good shape는 '건강 상태가 좋다'라는 의미의 표현이에요. 그래서 I'm in good shape. 라고 하면 '나는 몸 상태가 좋아', '컨디션이 좋아'라는 의미가 돼요. 물건이 be in good shape 하면 '관리 상태가 양호하다'라는 뜻이에요. 참고로 good을 생략해 be in shape이라고 해도 같은 의미가 되니 참고로 기억해 주세요.

✓ 섀도잉   섀도잉으로 핵심 표현을 훈련해보세요.   47_1.mp3

I'm in good shape.

▶ **따라하기** ☐ ☐ ☐

I'm in은 연음되어 [아이민]이라고 발음돼요. good의 경우 [그으읏]을 빨리 발음하는 것과 비슷해요. shape는 [셰이프]가 아닌 [쉐잎]이라고 발음해 주세요.

💬 대화하기   핵심 표현이 실제 대화에서는 어떻게 쓰는지 확인해보세요.   47_2.mp3

A : How are you feeling after the surgery?
　　수술 후에 몸이 좀 어때?

B : **I'm in good shape.** 몸 상태가 좋아.

A : That's good to hear. 반가운 소식이네.

1 **크레이머, 그 박스를 들 때 조심해!**
Kramer, be careful lifting that box!

Don't worry about it. 걱정하지 마.
I'm in good shape. 나는 컨디션이 좋아.

2 **나 요즘 컨디션이 안 좋아.**
I feel out of shape these days.

It's important to be in good shape.
좋은 건강 상태를 유지하는 건 중요해.

3 **나는 요즘 체육관에 정기적으로 갔어.**
I've been going to the gym regularly these days.

You look like you're in good shape.
너 컨디션 좋아 보여.

4 **네 차 아주 오래돼 보여.**
Your car looks very old.

It's old, but still in good shape.
그건 오래됐지만, 여전히 상태가 좋아.

5 **택배 상자가 손상된 것 같아.**
The parcel looks damaged.

Yes, but the goods inside are still in good shape.
응, 하지만 안에 있는 제품은 여전히 상태가 좋아.

＊parcel 소포

비슷한
의미의
표현   몸이 아프지 않고 건강할 때 healthy(건강한), strong(튼튼한), well(건강한)을 쓸 수 있어요. fit은 신체적으로
튼튼한 상태라는 뜻이에요. 주로 근육질의 다부진 체격을 말할 때 자주 사용해요.

47_4.mp3

1 **I heard you work out every day.**
네가 매일 운동한다고 들었어.

응. 나는 요즘 컨디션이 좋아.

2 **Do you think Ann is healthy enough to join our trek?**
앤이 트레킹을 따라갈 정도로 건강하다고 생각해?

응, 그녀는 몸 상태가 좋아.

3 **Am I okay to have a baby now?**
제가 이제 아이를 가져도 될까요?

네. 당신은 몸 상태가 좋아요.

4 **What does the garden look like?**
정원이 어때 보여?

상태가 좋아 보여.

5 **How are your finances coming along?**
네 재정 상태는 어때?

괜찮은 상태야.

정답 : 1. Yeah. I'm in good shape these days. 2. Yes, She's in good shape. 3. Yeah. You're in good shape. 4. It's in good shape. 5. They're in good shape.

 **마무리하기** 케이크 영상을 보며 학습을 마무리하세요.

1 ☺ 걱정하지 마. 나는 컨디션이 좋아.

🔊

2 ☺ 너 컨디션 좋아 보여.

🔊

3 ☺ 그건 오래됐지만, 여전히 상태가 좋아.

🔊

4 ☺ 안에 있는 제품은 여전히 상태가 좋아.

🔊

5 ☺ 좋은 건강 상태를 유지하는 건 중요해.

🔊

정답: 1. Don't worry about it. I'm in good shape. 2. You look like you're in good shape. 3. It's old, but still in good shape. 4. The goods inside are still in good shape. 5. It's important to be in good shape.

48

Give it a shot!

한번 도전해 봐!

무엇이든지 한 번도 안 해보았던 것을 시도해 보는 건 쉽지 않죠? Give it a shot!은 무언가를 주저하거나 망설이고 있는 상대에게 '한번 시도해 봐!', '도전해 봐!'라며 용기를 북돋아 주는 표현이에요. 여기서 shot은 '시도'라는 의미를 담고 있어요. 그동안 무언가를 '시도하다'라고 할 때 try만 썼다면, 앞으로 Give it a shot! 한번 사용해 보세요.

✓ 섀도잉   섀도잉으로 핵심 표현을 훈련해보세요.   48_1.mp3

Give it a shot!

▶ 따라하기 ☐ ☐ ☐

무언가를 '시도'해 보라는 의미가 중요하므로 shot을 강조해서 발음해 주세요. Give it a shot! 은 연음되어 [기v이러샷]이라고 발음돼요.

💬💬 대화하기   핵심 표현이 실제 대화에서는 어떻게 쓰는지 확인해보세요.   48_2.mp3

A : I don't know if I should try out the new diet program.

새로 나온 다이어트 프로그램을 해 봐야 할지 잘 모르겠어.

B : **Give it a shot!** 한번 도전해 봐!

A : Yeah, I should. 응, 그래야겠어.

1 내가 실패하면 어떡하지?

What if I fail?

> **Just give it a shot!** 그냥 한번 도전해 봐!
> You have nothing to lose. 넌 잃을 게 없어.

---

2 마케팅 관리직에 자리가 났어.

The Marketing Manager position opened up.

> **Are you going to give it a shot?**
> 너 도전해 볼 거야?

---

3 내가 어떻게 해야 할까?

What should I do?

> **It's worth giving it a shot!**
> 해 볼 만한 가치가 있어!

---

4 그 직장에 도전해 볼까?

Should I try out for the job?

> **If I were you, I would totally give it a shot.** 내가 너라면, 꼭 해 볼 거야.

---

5 그녀에게 사귀자고 해볼까?

Should I ask her out?

> **Give it a shot!**
> 한번 시도해 봐!

비슷한 의미의 표현 상대방에게 무언가를 '한번 해봐', '시도해 봐'라고 할 때는 Give it a shot! 대신 Give it a try! 또는 Give it a go!라고도 할 수 있어요. 일상생활에서 자주 쓰이는 유용한 표현이랍니다.

48_4.mp3

1　**Do you think I can get the job?**
내가 그 직장에 합격할 수 있다고 생각해?

한번 도전해 봐.

2　**I'm going to try out for a role in the musical.**
나 그 뮤지컬 역할에 지원해 볼 거야.

그래! 도전해 봐!

＊try out for 지원하다

3　**I don't think I am qualified for the job.**
그 일에 내가 자격조건이 안 되는 것 같아.

내 생각에 시도해 볼 만한 가치가 있어.

＊qualified 자격이 있는

4　**This is not going to work.**
이건 안 될 거야.

내가 너라면, 시도해 볼 거야.

5　**What if she says no?**
그녀가 거절하면 어떡하지?

나는 그래도 도전해 볼 거야.

정답 : 1. Give it a shot. 2. Yeah! Give it a shot! 3. I think it's worth giving it a shot. 4. If I were you, I would give it a shot. 5. I would still give it a shot.

 마무리하기　케이크 영상을 보며 학습을 마무리하세요.

1 😊 너 도전해 볼 거야?

🔊

---

2 😊 한번 시도해 봐!

🔊

---

3 😊 그냥 한번 도전해 봐! 넌 잃을 게 없어.

🔊

---

4 😊 내가 너라면, 꼭 해 볼 거야.

🔊

---

5 😊 해 볼 만한 가치가 있어!

🔊

정답: 1. Are you going to give it a shot? 2. Give it a shot! 3. Just give it a shot! You have nothing to lose. 4. If I were you, I would totally give it a shot. 5. It's worth giving it a shot!

49

I can't take this anymore.

더 이상 못 참겠어.

I can't take this anymore.은 '나는 이것을 더 이상 못 참겠어'라는 의미의 표현이에요. 상대방의 행동을 더 이상 견디기 어렵거나 무언가를 인내하지 못하겠다고 할 때 이 표현을 많이 써요. '참다', '견디다'라는 뜻의 endure, persevere라는 동사도 있지만, 일상생활에서는 take를 가장 많이 사용해요.

✓ 섀도잉   섀도잉으로 핵심 표현을 훈련해보세요.   49_1.mp3

I can't take this anymore.

▶ 따라하기 ☐ ☐ ☐

---

can't의 [t] 소리는 정확하게 발음하기도 하지만, 안 들리는 경우가 더 많아요.

---

99 대화하기   핵심 표현이 실제 대화에서는 어떻게 쓰는지 확인해보세요.   49_2.mp3

A : I saw your boyfriend with another girl at the movies.
영화관에서 네 남자친구가 다른 여자랑 있는 걸 봤어.

B : Again? **I can't take this anymore!**   또? 더 이상 못 참겠어!

A : It could be his cousin.   그의 사촌일 수도 있잖아.

---

1   **당신 왜 이렇게 능력이 없어!**
You're so incompetent!

 I can't take this anymore. I quit.

＊incompetent 무능한   저는 더 이상 이걸 못 참겠어요. 제가 그만 둘게요.

---

2   **너는 나를 너무 화나게 해!**
You're making me so angry!

 I can't take any more yelling.

나는 더 이상 소리 지르는 걸 못 참겠어.

---

3   **괜찮으세요?**
Are you okay?

 No. **The whole situation is difficult to take.** 아니요. 상황이 전체적으로 견디기 힘드네요.

---

4   **당신은 엄격한 선생님이시네요.**
You're a strict teacher.

 I don't take any nonsense from my students. 저는 학생들의 불순한 태도를 참지 않아요.

---

5   **그는 왜 이혼하기로 결심했나요?**
Why did he decide to get a divorce?

 He said he couldn't take his wife's nagging. 그가 아내의 잔소리를 못 참겠다고 했어요.

비슷한 의미의 표현   be fed up은 '물리다', '싫증이 나다'라는 의미로 진절머리가 날 정도로 짜증이 났을 때 쓰는 표현이에요. I'm fed up with waiting for you.라고 하면 '너 기다리는 거 지긋지긋해'라는 의미가 돼요.

49_4.mp3

1 **Why did you decide to quit?**
너는 왜 그만두기로 결심했어?

더 이상 참을 수 없었어.

2 **My girlfriend broke up with me.**
여자친구가 나랑 헤어지자고 했어.

남자답게 잘 견뎌내!

3 **The whole world is suffering from an economic crisis.**
전 세계가 경제 위기를 겪고 있어요.

이런 상황은 견디기가 힘들어요.

＊economic crisis 경제 위기

4 **Why did you break up with him?**
그와 왜 헤어졌어?

나는 그의 거짓말을 더 이상 참을 수 없었어.

5 **She slapped me in front of everyone.**
모두가 보는 앞에서 그녀가 나의 뺨을 때렸어.

너는 그런 행동을 더 이상 참으면 안 돼.

＊slap 뺨을 때리다

정답: 1. I couldn't take it anymore. 2. Just take it like a man! 3. Such situations are difficult to take. 4. I couldn't take his lies anymore. 5. You shouldn't take that kind of behavior anymore.

 마무리하기 케이크 영상을 보며 학습을 마무리하세요.

1　☺ 저는 더 이상 이걸 못 참겠어요. 제가 그만 둘게요.

🔊

2　☺ 저는 학생들의 불순한 태도를 참지 않아요.

🔊

3　☺ 나는 더 이상 소리 지르는 걸 못 참겠어.

🔊

4　☺ 상황이 전체적으로 견디기 힘드네요.

🔊

5　☺ 그가 아내의 잔소리를 못 참겠다고 했어요.

🔊

정답: 1. I can't take this anymore. I quit.　2. I don't take any nonsense from my students.　3. I can't take any more yelling.　4. The whole situation is difficult to take.　5. He said he couldn't take his wife's nagging.

50

Don't blame me!

내 탓 하지 마!

내 잘못이 아닌데 책임을 뒤집어씌울 때 정말 억울하지 않나요? 그때 쓸 수 있는 유용한 표현이 바로 Don't blame me!예요. '내 탓 하지 마!', '내 책임으로 돌리지 마!'라는 의미인데요. 구체적으로 어떤 문제에 대해 탓하지 말라고 할 때는 Don't blame me for it. 또는 Don't blame it on me.라고 해요. 아무 잘못 없이 책임을 떠맡게 되어 분하고 답답할 때 꼭 사용해 보세요.

| ✔ 섀도잉 | 섀도잉으로 핵심 표현을 훈련해보세요. | 50_1.mp3 |

Don't blame me!

▶ 따라하기 ☐ ☐ ☐

내 잘못이 아니라는 것을 강조하는 문장이므로 me를 강하게 발음해 주세요. 종종 질문하는 것처럼 me 부분이 올라가기도 해요.

| 💬💬 대화하기 | 핵심 표현이 실제 대화에서는 어떻게 쓰는지 확인해보세요. | 50_2.mp3 |

A : Oh no! My phone's not working. 이런! 내 휴대폰이 작동이 안 돼.

B : **Don't blame me!** I didn't touch it.

내 탓 하지 마! 나는 만지지 않았어.

A : Are you sure? 너 정말이야?

1 🧑‍🦰 **이 케이크 왜 이렇게 말랐어?**
Why is this cake so dry?

👦 **Don't blame me.** 내 탓 하지 마.
I followed the recipe exactly.
나는 요리법을 정확히 따라 했어.

2 👦 **다 네 탓이야!**
It's all your fault!

👱‍♀️ **Are you blaming me?** 너 내 탓 하는 거야?

3 👱‍♀️ **이런, 내가 소파에 온통 커피를 쏟았어.**
Oh no, I spilled coffee all over the couch.

👦 **Let's blame the cat.** 고양이한테 뒤집어씌우자.

4 👦 **이 참사를 누가 책임질 거예요?**
Who's going to take responsibility for this disaster?

*disaster
참사, 재난

🧑‍🦰 **As the site manager, I blame myself.**
현장 매니저로서, 저는 제 자신을 탓합니다.

5 🧑‍🦰 **우리의 재정 상태가 몹시 안 좋아.**
Our finances are in terrible shape.

👦 **Don't blame me.** 나를 탓하지 마.
Your shopping addiction is the problem.
너의 쇼핑 중독이 문제야.

비슷한 의미의 표현: 나의 잘못이 아니라고 할 때는 It's not my fault.라고 해요. 내 잘못인 경우 It's my fault. 혹은 I'm to blame.이라고 해요. 일상생활에서는 간단히 My bad.라고 많이 한답니다.

50_4.mp3

1 **My computer is not working.**
내 컴퓨터가 작동이 안 돼.

너 내 탓 하는 거야?

2 **Shoot! You hit my arm and I dropped my phone.**
이런! 네가 내 팔을 쳐서 핸드폰을 떨어트렸잖아.

내 탓 하지 마.

3 **I broke the vase.**
내가 꽃병을 깨트렸어.

그냥 그 일을 강아지한테 뒤집어씌워.

4 **Who spilled milk all over the carpet?**
누가 카펫에 우유를 온통 쏟았어?

우리를 탓하지 마.

5 **Why have I gained so much weight recently?**
최근에 나 왜 이렇게 살이 쪘지?

그건 네가 아닌 다른 사람을 탓할 수 없는 거야.

정답 : 1. Are you blaming me? 2. Don't blame me. 3. Just blame it on the dog. 4. Don't blame us.
5. You can't blame anyone else but yourself for that.

 ▶ **마무리하기** 케이크 영상을 보며 학습을 마무리하세요.

1 😊 너 내 탓 하는 거야?

    🔊

2 😊 내 탓하지 마. 나는 요리법을 정확히 따라 했어.

    🔊

3 😊 고양이한테 뒤집어씌우자.

    🔊

4 😊 나를 탓하지 마. 너의 쇼핑 중독이 문제야.

    🔊

5 😊 현장 매니저로서, 저는 제 자신을 탓합니다.

    🔊

정답: 1. Are you blaming me? 2. Don't blame me. I followed the recipe exactly. 3. Let's blame the cat. 4. Don't blame me. Your shopping addiction is the problem. 5. As the site manager, I blame myself.

You never know.

혹시 몰라.

You never know.는 직역하면 '너는 절대로 알지 못한다'이지만, 실제로는 '그건 아무도 모르는 거야', '사람 일은 모르는 거야', '혹시 몰라'라는 의미로 많이 쓰여요. 한마디로 앞으로 어떻게 될지 모른다는 의미를 가진 표현이에요. 예를 들어 You never know what will happen.이라고 하면 '사람의 앞날은 모르는 법이야'라는 의미가 돼요.

✓ **섀도잉** 섀도잉으로 핵심 표현을 훈련해보세요.   51_1.mp3

You never know.

▶ **따라하기** ☐ ☐ ☐

---

know의 o는 원래 단모음이지만, 의미를 강조하기 위해 [노오우]라고 길게 발음해요.

💬 **대화하기** 핵심 표현이 실제 대화에서는 어떻게 쓰는지 확인해보세요.   51_2.mp3

A : I think Dabin is the nicest person I've ever met.
다빈이는 내가 만난 사람 중에 제일 착한 것 같아.

B : **You never know.** I've heard other stories about Dabin from her coworkers.
모르는 일이지. 그녀의 동료들에게서 다빈이에 대한 다른 이야기를 들었거든.

1　👨 **민정이는 나 같은 남자를 절대 못 사귈 거야.**

I don't think Minjung would ever date a guy like me.

👩 **You never know.**　사람 일은 모르는 거야.

2　👩 **나는 중요한 사람이 절대 되지 못 할 것 같아.**

I don't think I'll ever become an important person.

👨 **You never know what the future has for you.**　네 미래에 어떤 일이 일어날지는 모르는 거야.

3　👨 **나는 보람이가 정말 싫어.**

I really don't like Boram.

👩 Be careful what you say. **You never know when you might need her help.**

말조심해. 그녀의 도움이 언제 필요해질지는 모르는 거야.

4　👩 **모든 걸 다 그만둬야겠어.**

I should just quit everything.

👨 Don't! **You never know!**　그러지 마! 혹시 몰라!
You might get the promotion.　네가 승진할 수도 있잖아.

5　👨 **인생은 너무 어려워.**

Life is so hard.

👩 **You never know!**　사람 일은 모르는 거야!
You might win the lottery someday.

언젠가 네가 복권에 당첨될 수도 있잖아.

비슷한 의미의 표현　You never can tell.(절대 알 수 없어), Nobody knows.(아무도 모르는 거야), There's no telling.(알 수 있는 방법이 없어), Only God knows.(신만이 알고 있지)라는 비슷한 표현이 있어요.

51_4.mp3

1 Do you think I'll get the promotion?

내가 승진할 것 같아?

그건 아무도 모르지.

---

2 I don't think I'll get a chance.

내가 기회를 얻지 못 할 것 같아.

어떤 일이 일어날지는 모르는 거야.

---

3 There's a rumor that Kyungmin is dating Junho.

경민이가 준호랑 사귄다는 소문이 있어.

사람 일은 모르는 거야.

---

4 No one wants to hire me.

아무도 나를 고용하고 싶어하지 않아.

다음 주에 어떤 일이 벌어질지는 아무도 모르는 거야.

---

5 I will never succeed.

난 절대 성공하지 못할 거야.

네 미래가 어떨지는 아무도 몰라.

＊succeed 성공하다

정답: 1. You never know. 2. You never know what's going to happen. 3. You never know. 4. You never know what will happen next week. 5. You never know what the future has for you.

 케이크 영상을 보며 학습을 마무리하세요.

1   ☺ 사람 일은 모르는 거야.

2   ☺ 그녀의 도움이 언제 필요해질지는 모르는 거야.

3   ☺ 네 미래에 어떤 일이 일어날지는 모르는 거야.

4   ☺ 사람 일은 모르는 거야!

5   ☺ 혹시 몰라! 네가 승진할 수도 있잖아.

정답 : 1. You never know. 2. You never know when you might need her help. 3. You never know what the future has for you. 4. You never know! 5. You never know! You might get the promotion.

52

I'll take care of this.

이건 내가 처리할게.

take care of에는 누군가를 '돌보다'라는 의미 외에도 어떠한 일을 '처리하다', 책임지고 '맡다'라는 뜻이 있어요. 그래서 I'll take care of this.라고 하면 '이건 내가 처리할게', '내가 이건 알아서 할게'라는 의미가 돼요. 구체적으로 어떤 문제를 해결하겠다고 할 때는 of 뒤에 그 대상을 넣어요. I'll take care of the problem.은 '내가 그 문제를 해결할게'라는 뜻이랍니다.

✓ 섀도잉   섀도잉으로 핵심 표현을 훈련해보세요.   52_1.mp3

I'll take care of this.

▶ **따라하기** ☐ ☐ ☐

take의 [k]와 care의 [k] 소리가 동일하기 때문에 take care를 발음할 때는 뒤의 [k] 소리만 발음해 주세요. care of는 [r] 소리로 연음되어 take care of는 [테이케어러브]라고 발음돼요.

💬 대화하기   핵심 표현이 실제 대화에서는 어떻게 쓰는지 확인해보세요.   52_2.mp3

A : Oh my gosh! I have to call our buyers.
어머나! 바이어들에게 전화해야 돼요.

B : Go ahead. **I'll take care of this.**   어서 하세요. 이건 제가 처리할게요.

A : Thank you. You're the best.   고마워요. 당신이 최고예요.

1 어머, 이 피자 정말 커도 너무 크다!

Oh gosh, this pizza is just too big!

Don't you worry about a thing. 하나도 걱정하지 마.
I'll take care of it. 내가 처리할게.

---

2 존, 깡패들이 너의 집을 불태웠어.

John, the gangsters burned your house down.

You wait here. 너는 여기서 기다려.
I'll take care of this. 이건 내가 알아서 처리할게.

---

3 민정아, 네 개가 부엌에 또 실례를 했어.

Minjung, your dog pooped in the kitchen again.

I'll take care of it right away.
내가 지금 바로 처리할게.

---

4 가방 드는 것을 제가 도와 드릴게요.

Let me help you carry the bags.

It's okay. **I'll take care of them myself.**
괜찮아요. 제가 직접 할게요.

---

5 나는 해야 할 일이 너무 많아.

I have so much work to do.

Just say the word and I'll help you take care of it. 말만 하면 처리하는 거 내가 도와줄게.

비슷한 의미의 표현 누군가가 "그 보고서 내일까지 마무리할 수 있어?"라고 물으면 자신 있게 I got this. Leave it to me.라고 말해 보세요. '내가 할게', '내가 책임지고 할게', '내게 맡겨'라는 뜻이에요.

219

52_4.mp3

1   **I got this.**
이건 내가 할게.

아니야. 이건 내가 처리할게.

2   **Who can do the dishes?**
누가 설거지 할 수 있어?

내가 설거지를 잘 처리할게.

3   **I need someone to fill in for me.**
저를 대신할 사람이 필요해요.

동준 씨가 그걸 처리할 거예요.

＊fill in for ~을 대신하다

4   **Honey, can you pick up the kids today?**
자기야, 당신이 오늘 아이들 데리러 가줄 수 있어?

당신이 알아서 할 줄 알았어.

5   **We have a lot of paperwork to do.**
우리는 해야 할 서류 작업이 아주 많아요.

제가 다 알아서 할게요!

정답: 1. No. I'll take care of this. 2. I'll take good care of the dishes. 3. Dongjun will take care of it. 4. I thought you were taking care of that! 5. I'll take care of everything!

 ▶ **마무리하기** 케이크 영상을 보며 학습을 마무리하세요.

1 😊 너는 여기서 기다려. 이건 내가 알아서 처리할게.

🔊

2 😊 내가 지금 바로 처리할게.

🔊

3 😊 괜찮아요. 제가 직접 할게요.

🔊

4 😊 말만 하면 처리하는 거 내가 도와줄게.

🔊

5 😊 하나도 걱정하지 마. 내가 처리할게.

🔊

정답: 1. You wait here. I'll take care of this. 2. I'll take care of it right away. 3. It's okay. I'll take care of them myself. 4. Just say the word and I'll help you take care of it. 5. Don't you worry about a thing. I'll take care of it.

53

People used that back in the day.

사람들은 그걸 옛날에 썼어요.

사람들과 대화를 하다 보면 좋았던 옛 추억이 떠오르기도 하죠? 과거의 추억을 떠올리며 '옛날에는'이라는 말이 자연스레 나오기도 하는데요. 영어로는 back in the day라고 해요. '옛날에', '예전에'라는 뜻이에요. 그래서 People used that back in the day.라고 하면 '사람들은 그걸 옛날에 썼어요'라는 뜻이 돼요. day는 항상 단수로 쓴다는 점 참고로 기억해 주세요.

| ✔ 섀도잉 | 섀도잉으로 핵심 표현을 훈련해보세요. | 53_1.mp3 |

People used that back in the day.

▶ **따라하기** ☐ ☐ ☐

이 문장은 '옛날에', '예전에'라는 의미가 중요하므로 back을 강조해 주세요. used의 [d] 소리는 that의 첫소리 때문에 거의 들리지 않아요. back in은 연음되어 [베낀]이라고 발음돼요.

| 💬 대화하기 | 핵심 표현이 실제 대화에서는 어떻게 쓰는지 확인해보세요. | 53_2.mp3 |

A : What is that? 그건 뭐야?

B : It's a walkie-talkie. **People used that back in the day.**
　　워키토키야. 사람들이 예전에 쓰던 거야.

A : It looks interesting. 흥미롭네.

1 그건 뭐야?
What is it?

It's an MP3 player. **People used them back in the day.** MP3 플레이어야. 사람들이 예전에 쓰던 거야.

2 너 만년필로 쓰는 거야?
Are you writing with a fountain pen?

Yes, my father used one back in the day.
응, 내 아버지가 옛날에 이걸 쓰셨어.

3 엄마, 이 데님 재킷에 대해 어떻게 생각하세요?
Mom, what do you think of this denim jacket?

Looks great! **I used to wear that back in the day, too.** 멋지구나! 나도 옛날에 그걸 입곤 했어.

4 20살 때 일주일에 며칠 일하셨어요?
How many days did you work in a week when you were 20?

Back in the day, I worked 6 days a week.
옛날에 나는 일주일에 6일을 일했어.

5 엄마, 20년 전에도 사람들이 문자를 보냈어요?
Mom, did people text 20 years ago?

No. **Back in the day, we just hung out with each other.** 아니. 우리는 옛날에 그냥 어울려 놀았어.

비슷한 의미의 표현 지난 지 꽤 오래된 시기를 말할 때는 ages ago(옛날 옛적에), deep in the past(오래전에), since God knows when(신만 아는 때부터)이라는 표현을 사용해요.

223

53_4.mp3

1 **Wow, look at this printing press!**
와, 이 인쇄기를 좀 봐!

사람들은 그걸 옛날에 썼어.

---

2 **No one carries around a CD player anymore.**
이제 아무도 CD 플레이어를 가지고 다니지 않아.

그건 옛날에 인기가 많았어.

---

3 **How did people live without smartphones?**
사람들은 스마트폰없이 어떻게 살았을까?

옛날에는 가능했어.

---

4 **How do you know Jisu?**
너는 지수를 어떻게 알아?

우리는 옛날에 학교를 같이 다녔어.

---

5 **Who is this celebrity?**
이 연예인은 누구야?

그는 옛날에 인기 많았던 배우야.

정답 : 1. People used that back in the day. 2. It was popular back in the day. 3. It was possible back in the day. 4. We went to school together back in the day. 5. He's an actor who was popular back in the day.

 **마무리하기** 케이크 영상을 보며 학습을 마무리하세요.

1　😊 **MP3 플레이어야. 사람들이 예전에 쓰던 거야.**

🔊

2　😊 **나도 옛날에 그걸 입곤 했어.**

🔊

3　😊 **옛날에 나는 일주일에 6일을 일했어.**

🔊

4　😊 **우리는 옛날에 그냥 어울려 놀았어.**

🔊

5　😊 **내 아버지가 옛날에 이걸 쓰셨어.**

🔊

정답: 1. It's an MP3 player. People used them back in the day. 2. I used to wear that back in the day, too. 3. Back in the day, I worked 6 days a week. 4. Back in the day, we just hung out with each other. 5. My father used one back in the day.

225

54

Guys, keep it down.

얘들아, 좀 조용히 해.

주변 사람들이 시끄럽게 한다고 Shut up!(입 닥쳐!)이라고 할 수는 없죠? 이때 쓸 수 있는 적절한 표현이 Keep it down.이에요. '조용히 해', '목소리를 낮춰', '소리 좀 줄여'라는 뜻으로 일상생활에서 많이 사용하는 구어체 표현이에요. 여기서 it은 목소리나 소리, 소음을 뜻하는데요. it 대신 voice나 noise를 써도 같은 의미가 되니 함께 기억해 주세요.

✓ 섀도잉   섀도잉으로 핵심 표현을 훈련해보세요.   54_1.mp3

Guys, keep it down.

▶ **따라하기** ☐ ☐ ☐

이 표현의 핵심은 목소리를 낮추거나 소리를 줄여달라는 것이므로 down을 강조해서 발음해주세요. keep it은 [ㅃ] 소리로 연음되어 [키삣]이라고 발음돼요.

💬 대화하기   핵심 표현이 실제 대화에서는 어떻게 쓰는지 확인해보세요.   54_2.mp3

A : **Guys, keep it down.** 얘들아, 소리 좀 줄여.

B : Oh, sorry. I didn't know we were so loud.
아, 죄송해요. 저희가 그렇게 시끄러운 줄 몰랐어요.

A : It's okay. Just keep it down a bit. 괜찮아. 그냥 조금만 조용히 해 줘.

---

1 **신나게 놀자!**
It's party time!

> Guys, it's 11 p.m. 얘들아, 11시야.
> **Please, keep it down.** 소리 좀 줄여줘.

2 **엄마! 엄마! 다혜랑 제가 장난감을 못 찾겠어요.**
Mom! Mom! Dahye and I can't find our toys.

> **Guys, keep it down.** 얘들아, 좀 조용히 해.
> I'm on the phone! 나 통화 중이야!

3 **실례합니다. 목소리 좀 낮춰주시겠어요?**
Excuse me. Could you please keep it down?

> Did I disturb you? 제가 방해했나요?
> **Sorry, I'll keep it down.** 죄송해요. 조용히 할게요.

4 **어머! 공룡이다!**
Oh my gosh! A dinosaur!

> **Can you keep it down?** 목소리 좀 낮춰줄래?

5 **웃음이 멈추질 않아. 이 티비 프로그램 정말 웃기다.**
I can't stop laughing. This TV show is really funny.

> **It is, but please keep it down a bit.**
> I don't want the baby to wake up.
> 그렇긴 한데, 소리를 약간만 낮춰줘. 나는 아기가 깨지 않으면 좋겠어.

비슷한 의미의 표현 Be quiet! Silence! Shush!는 모두 조용히 하라는 의미지만, 굉장히 직설적인 표현이에요. Would you mind keeping it down? Can you please keep it down?이라고 정중하게 말하는 것이 좋아요.

54_4.mp3

1   Mom! Where are my boots?

엄마! 내 부츠 어디 있어요?

조용히 좀 해! 너 목소리가 너무 커!

---

2   Would you mind keeping it down?

소리 좀 낮춰주시겠어요?

죄송합니다. 조용히 할게요.

---

3   What? You're in love with John?

뭐? 네가 존을 사랑한다고?

목소리 좀 낮춰. 다 듣잖아.

---

4   I'm super into this song these days.

나는 요즘 이 노래에 푹 빠져 있어.

제발 조용히 해 줘. 나 지금 공부 중이야.

---

5   Dad! Emma took my teddy bear!

아빠! 엠마가 제 곰돌이 인형을 가져갔어요!

너희들 좀 조용히 하고 그만 싸워!

정답: 1. Keep it down! You're too loud. 2. I'm sorry. I'll keep it down. 3. Keep it down. Everyone's listening. 4. Please, keep it down. I'm studying right now. 5. You guys keep it down and stop fighting!

 **마무리하기**   케이크 영상을 보며 학습을 마무리하세요.

1   😊 **애들아, 좀 조용히 해. 나 통화 중이야!**

   🔊

2   😊 **애들아, 11시야. 소리 좀 줄여줘.**

   🔊

3   😊 **목소리 좀 낮춰줄래?**

   🔊

4   😊 **제가 방해했나요? 죄송해요. 조용히 할게요.**

   🔊

5   😊 **그렇긴 한데, 소리를 약간만 낮춰줘.**

   🔊

정답 : 1. Guys, keep it down. I'm on the phone! 2. Guys, it's 11 p.m. Please, keep it down. 3. Can you keep it down? 4. Did I disturb you? Sorry, I'll keep it down. 5. It is, but please keep it down a bit.

55

I'm into it.

나 이거에 푹 빠져있어.

be into는 '~에 푹 빠져있다', '~에 관심이 많다'라는 뜻이에요. 그래서 I'm into it.이라고 하면 '나는 그것에 푹 빠져있어', '나는 그것에 꽂혔어'라는 의미가 돼요. it 대신에 사람이나 음식, 영화, 스포츠 등 내가 좋아하는 것을 모두 넣을 수 있어요. 무언가에 푹 빠져있을 때 like나 love 대신 be into 한번 사용해 보세요.

| ✓ 섀도잉 | 섀도잉으로 핵심 표현을 훈련해보세요. | 55_1.mp3 |

I'm into it.

▶ 따라하기 ☐ ☐ ☐

into는 첫음절을 강조해서 발음해 주세요. 참고로 북미권에서는 n 다음에 오는 t 발음을 생략하는 경우가 많아요. 그래서 I'm into it.을 [아임이누잇]이라고 발음하기도 해요.

| 💬 대화하기 | 핵심 표현이 실제 대화에서는 어떻게 쓰이는지 확인해보세요. | 55_2.mp3 |

A : Have you heard of the game "Battlefield?"
'배틀필드'라는 게임 들어봤어?

B : Of course! **I'm into it these days.** 물론이지! 나 요즘 푹 빠져있어.

A : Let's play together sometime. 언제 한번 같이하자.

1 **너는 여가 시간에 뭐해?**

What do you do in your spare time?

I'm into hiking these days.

나는 요즘 등산에 빠져 있어.

2 **너 소미 좋아해?**

Do you like Somi?

Yes, I'm so into her.

응, 나는 그녀에게 정말 푹 빠져있어.

3 **너는 관심사가 뭐야?**

What are some of your interests?

I'm into all kinds of sports.

나는 모든 종류의 스포츠를 좋아해.

4 **'왕자의 게임' 본 적 있어?**

Have you seen "Game of Princes?"

Yes, I'm really into that show.

응, 나 그 프로그램에 정말 꽂혔어.

5 **나는 지원이가 정말 좋아.**

I like Jiwon a lot.

Why don't you find out what she's into? 그녀가 무엇을 좋아하는지 알아보는 건 어때?

비슷한 의미의 표현 be into는 무언가에 빠져있다는 의미로 '정말로 좋아하다'라는 뜻과 동일해요. 사람뿐만 아니라 책이나 영화, 취미생활 등 모두 be into 할 수도 있죠. 그래서 I like it.보다는 I love it.이라는 표현에 더 가까워요.

55_4.mp3

1   What do you enjoy doing in your free time?

너는 한가한 시간에 뭘 하는 걸 좋아해?

나는 요즘 낚시에 꽂혔어.

....

2   Which K-pop group do you like?

너는 케이팝 그룹 누구 좋아해?

나는 BTS에 빠져 있어.

....

3   Do you like anyone?

너 좋아하는 사람 있어?

나는 너한테 빠져 있어.

....

4   Do you know Jasmine from Accounting?

회계팀의 재스민 알아요?

물론이죠. 저는 그녀에게 완전히 빠져 있어요.

....

5   How can you keep a solid marriage for 20 years?

어떻게 20년 동안 안정적인 결혼 생활을 유지할 수 있으셨나요?

우리는 둘 다 같은 것에 빠져 있어요.

＊solid 탄탄한, 충실한

_____

정답: 1. I'm into fishing these days. 2. I'm into BTS. 3. I'm into you. 4. Of course. I'm totally into her. 5. We're both into the same things.

 **마무리하기**   케이크 영상을 보며 학습을 마무리하세요.

1 😊 나는 그녀에게 정말 푹 빠져있어.

🔊

2 😊 나는 요즘 등산에 빠져 있어.

🔊

3 😊 나 그 프로그램에 정말 꽂혔어.

🔊

4 😊 나는 모든 종류의 스포츠를 좋아해.

🔊

5 😊 그녀가 무엇을 좋아하는지 알아보는 건 어때?

🔊

정답 : 1. I'm so into her. 2. I'm into hiking these days. 3. I'm really into that show. 4. I'm into all kinds of sports. 5. Why don't you find out what she's into?

233

56

Let's split a cab.

택시비 나눠서 내자.

택시를 타고 갈 때 같은 방향으로 가는 사람이 있으면 돈도 절약되고 편하게 목적지에 갈 수 있죠? 이때 쓸 수 있는 유용한 표현이 Let's split a cab.이에요. split은 몫을 '나누다', cab은 '택시'라는 뜻이 있는데요. 그래서 이 표현은 '택시비를 나눠서 내자'라는 의미가 돼요. 참고로 '택시를 같이 타자'라고 할 때는 Let's share a cab.이라고 해요. 함께 기억해 주세요.

✓ **섀도잉** 섀도잉으로 핵심 표현을 훈련해보세요.   56_1.mp3

Let's split a cab.

▶ **따라하기** ☐ ☐ ☐

split의 spl은 한 번에 발음해 주세요. [s] 소리를 약하게 낸 뒤 plit을 발음하면 돼요. 그리고 split a는 [ㄹ]로 연음되어 [스플리러]라고 발음돼요.

💬 **대화하기** 핵심 표현이 실제 대화에서는 어떻게 쓰는지 확인해보세요.   56_2.mp3

A : How are we going to the National Museum?
　　우리 국립 박물관까지 어떻게 갈까?

B : How about a cab? 택시를 타는 건 어때?

A : Let's do that. **Let's split a cab.** 그렇게 하자. 택시비는 나눠서 내자.

1 👨 **택시 타자. 우리는 시간이 많지 않아.**
Let's take a cab. We don't have much time.

👩 OK. **Let's split a cab**.
그래, 택시비는 나눠서 내자.

2 👩 **이 레스토랑 정말 비싸다.**
This restaurant is so expensive.

👨 **Let's split the bill then.**
그럼 계산을 나눠서 하자.

3 👨 **공항까지 같이 택시 타고 갈래?**
Do you want to share a cab to the airport?

👩 That sounds great. 그게 좋겠다.
Let's split a cab. 택시비는 나눠서 내자.

4 👩 **이만큼의 음식은 나에게 너무 많아.**
This plate of food is too much for me.

👨 **If we split it, it'll be just the right amount.** 우리가 나눠 먹으면, 양이 딱 맞을 거야.

5 👨 **우리 이러다 늦겠어. 택시 타자.**
We're going to be late. Let's take a cab.

👩 Yeah. **Let's split a cab then.**
그래. 그럼 택시비는 나눠서 내자.

비슷한 의미의 표현 한 사람이 비용을 전부 지불하지 않고 각자 계산하자고 할 때는 Let's go Dutch!(더치페이하자!) Let's split the bill.(나눠서 계산하자) Let's pay separately.(따로 내자)라고 해요.

56_4.mp3

1   Do you want to take a cab to the station?

역까지 택시타고 갈래?

그래. 택시비 나눠서 내자.

---

2   What are we going to do about the picnic expenses?

우리 소풍 가는 비용은 어떻게 할 거야?

우리 둘이 나눠서 내자.

＊expense 비용

---

3   What would you do if you won the lottery?

너는 복권에 당첨되면 어떻게 할 거야?

나는 너랑 나눌 거야.

---

4   I think we're going to make a lot.

우리가 돈을 많이 벌 수 있을 것 같아.

수입을 똑같이 나누자.

＊earnings 수입

---

5   We have twenty people.

우리는 20명이야.

4개의 조로 나누자.

정답 : 1. Sure. Let's split a cab. 2. Let's split them between the two of us. 3. I'd split it with you. 4. Let's split the earnings equally. 5. Let's split into four groups.

 마무리하기   케이크 영상을 보며 학습을 마무리하세요.

1 😊 그래. 택시비는 나눠서 내자.

🔊

2 😊 그럼 계산을 나눠서 하자.

🔊

3 😊 우리가 나눠 먹으면, 양이 딱 맞을 거야.

🔊

4 😊 그게 좋겠다. 택시비는 나눠서 내자.

🔊

5 😊 그럼 택시비는 나눠서 내자.

🔊

정답: 1. OK. Let's split a cab. 2. Let's split the bill then. 3. If we split it, it'll be just the right amount. 4. That sounds great. Let's split a cab. 5. Let's split a cab then.

57

The toilet is clogged.

변기가 막혔어.

무언가의 흐름이 원활하지 않을 때 '막혔다'라고 하죠? clog에는 '막다'라는 의미가 있는데요. 수동태 be clogged가 되면 '막히다'라는 뜻이 돼요. 그래서 '변기가 막혔어'라고 할 때는 The toilet is clogged.라고 해요. 화장실 변기나 수도 파이프뿐만 아니라 도로가 막혔을 때도 be clogged를 써요. 굉장히 유용한 표현이지만, 자주 쓰이지는 않길 바랄게요.

toilet은 [토일렛]이 아니라 [토일릿]이라고 발음해요. clogged는 [클러그드]라고 정확하게 발음하지 말고, [그드] 부분을 약하게 발음해 주세요.

💬💬 **대화하기** 핵심 표현이 실제 대화에서는 어떻게 쓰는지 확인해보세요. 57_2.mp3

A : Do you have a toilet plunger? **The toilet is clogged.**
너 뚫어뻥 있어? 변기가 막혔어.

B : Again? 또?

A : Don't worry. I got it. 걱정하지 마. 내가 처리할게.

---

1 **어떻게 도와드릴까요?**

How can I help you?

 The toilet is clogged. 변기가 막혔어요.

---

2 **싱크대에서 물이 안 내려가.**

The water is not draining down the sink.

 I think the pipes are clogged again.

*drain (물이) 빠지다   파이프가 또 막힌 것 같아.

---

3 **샤워실이 왜 막혔어?**

Why is the shower clogged?

 I think hair is clogging it up.

머리카락이 막히게 하는 것 같아.

---

4 **너 왜 늦었어?**

Why were you late?

 The roads were clogged with cars stuck in the snow.

눈에 갇히 차들 때문에 길이 막혔어.

---

5 **너 피부과에 왜 갔어?**

Why did you go to the dermatologist?

 Some blackheads are clogging my pores. 블랙헤드가 내 모공을 막고 있거든.

*dermatologist
피부과 전문의

**비슷한
의미의
표현** 변기가 막혔다는 것은 물이 잘 내려가지 않는다는 의미인데요, flush(변기 물을 내리다)를 이용해 The toilet is not flushing. The toilet doesn't flush well.(물이 잘 안 내려가)이라고 할 수도 있어요.

239

57_4.mp3

1 **What happened?**
무슨 일이야?

변기가 막혔어.

---

2 **Water isn't coming out of the faucet.**
수도꼭지에서 물이 안 나와.

수도관이 막힌 것 같아.

＊water pipes 수도관

---

3 **What's taking you so long?**
너 왜 이렇게 오래 걸리는 거야?

길이 정말 막혀.

---

4 **The kitchen sink is not draining.**
부엌 싱크대에서 물이 안 내려가.

파이프가 막힌 것 같아.

---

5 **What's the problem, doctor?**
뭐가 문제인가요, 의사 선생님?

당신의 동맥이 막혔어요.

＊artery 동맥

정답: 1. The toilet is clogged. 2. I think the water pipes are clogged. 3. The roads are really clogged. 4. I think the pipe is clogged. 5. Your arteries are clogged.

 **마무리하기** 케이크 영상을 보며 학습을 마무리하세요.

1　😊 **변기가 막혔어요.**

🔊

2　😊 **머리카락이 막히게 하는 것 같아.**

🔊

3　😊 **파이프가 또 막힌 것 같아.**

🔊

4　😊 **블랙헤드가 내 모공을 막고 있거든.**

🔊

5　😊 **눈에 갇힌 차들 때문에 길이 막혔어.**

🔊

정답 : 1. The toilet is clogged.　2. I think hair is clogging it up.　3. I think the pipes are clogged again.　4. Some blackheads are clogging my pores.　5. The roads were clogged with cars stuck in the snow.

58

Today, I skipped school.

나 오늘 학교 땡땡이쳤어.

학교에 가지 않고 빼먹었을 때 속된 말로 '땡땡이쳤다'라고 하죠? 영어로는 I skipped school. 이라고 해요. skip은 '건너뛰다', '빼먹다'라는 뜻인데요. 학교나 회사뿐만 아니라 정기적으로 가야 할 곳에 일부러 가지 않았을 때 skip 다음에 그 '대상'을 넣으면 돼요. 예를 들어 회사를 안 갔다면 I skipped work. 운동을 빼먹었다면 I skipped my workout.이라고 하는 거죠.

| ✔ 섀도잉 | 섀도잉으로 핵심 표현을 훈련해보세요. | 58_1.mp3 |

Today, I skipped school.

▶ 따라하기 ☐ ☐ ☐

skipped의 k는 [ㄲ], d는 [t]로 발음해야 자연스러워요. school의 경우 [s] 소리를 약하게 발음한 뒤 [쿠우얼]이라고 발음해 주세요.

| 💬 대화하기 | 핵심 표현이 실제 대화에서는 어떻게 쓰는지 확인해보세요. | 58_2.mp3 |

A : Why didn't you come to school yesterday?
   너 어제 왜 학교에 안 왔어?

B : **Well, I just skipped school.** 뭐, 그냥 학교 땡땡이쳤어.

A : Oh dear. 이런.

1　너 시험 안 볼 거야?

Aren't you going to take the test?

> ### No, I'm going to skip school.
> 응, 나 학교 땡땡이칠 거야.

2　너 오늘 수업에 안 왔다고 들었어.

I heard you didn't come to class today.

> ### I skipped school and went shopping.
> 나 학교 땡땡이치고 쇼핑하러 갔어.

3　이 챕터 너무 어려워.

This chapter is so difficult.

> ### Let's skip this chapter for now.
> 이 챕터는 일단 넘어가자.

4　너 왜 졸업을 못 했어?

Why couldn't you graduate?

> ### I skipped a lot of classes.
> 수업에 많이 빠졌거든.

5　점심에 태국 음식 먹으러 가자.

Let's eat Thai food for lunch.

> ### I'm feeling nauseous. 나 속이 메스꺼워.
> ### I'm going to skip lunch today.
> 난 오늘 점심 건너뛸래.

비슷한 의미의 표현　'수업을 빼먹다'라고 할 때 skip 대신 cut을 사용해 I'm cutting class.라고도 해요. 하지만 cut은 주로 수업 1개를 말할 때만 사용해요. I'm cutting school.이라고는 하지 않는답니다.

58_4.mp3

1　**Where's Minho?**
민호는 어디에 있어?

그는 오늘 학교를 땡땡이쳤어.

2　**I thought you had to work today?**
너 오늘 일해야 한다고 하지 않았어?

나 오늘 회사 땡땡이쳤어.

3　**Why aren't you packing your school bag?**
너 왜 책가방 안 싸고 있어?

나 학교 땡땡이칠 거야.

4　**We're thinking about eating spaghetti for dinner.**
우리는 저녁으로 스파게티를 먹으려고 생각 중이야.

그래. 근데 나는 저녁 건너뛸래.

5　**Let's go to the gym!**
운동하러 가자!

미안. 나는 오늘 운동 빼먹을래.

정답 : 1. He skipped school today.　2. I skipped work today.　3. I'm going to skip school.　4. OK. But I'm going to skip dinner.　5. Sorry. I'm going to skip my workout today.

 마무리하기　케이크 영상을 보며 학습을 마무리하세요.

1   😊 나 학교 땡땡이칠 거야.

🔊

2   😊 이 챕터는 일단 넘어가자.

🔊

3   😊 난 오늘 점심 건너뛸래.

🔊

4   😊 나 학교 땡땡이치고 쇼핑하러 갔어.

🔊

5   😊 수업에 많이 빠졌거든.

🔊

정답: 1. I'm going to skip school. 2. Let's skip this chapter for now. 3. I'm going to skip lunch today. 4. I skipped school and went shopping. 5. I skipped a lot of classes.

59

I'm down.

난 좋아.

I'm down.은 내가 아래에 있다는 뜻이 아니라, 무언가를 동의할 때 쓰는 표현이에요. 예를 들어 친구가 "이번 주말에 같이 놀래?"라고 물으면 I'm down.이라고 대답하는 거죠. '난 좋아', '함께 할게', '찬성이야'라는 의미예요. 주로 무언가에 참여하겠다고 할 때 이 표현을 자주 써요. 짧고 쉬운 영어 표현이니 적절한 상황에서 꼭 활용해 보세요.

| ✓ 섀도잉 | 섀도잉으로 핵심 표현을 훈련해보세요. | 59_1.mp3 |

I'm down.

▶ 따라하기 ☐ ☐ ☐

I와 down을 강조해서 발음해 주세요. I'm은 [엄]과 [음] 사이의 발음이에요.

| 💬 대화하기 | 핵심 표현이 실제 대화에서는 어떻게 쓰는지 확인해보세요. | 59_2.mp3 |

A : Where are you going? 너 어디 가?

B : I'm going to the movies. Wanna come?
나는 영화 보러 갈 거야. 같이 갈래?

A : **I'm down for it.** 좋아.

1 **나랑 같이 파티에 갈래?**

Do you want to go to the party with me?

I'm down! 좋아!

What time's the party? 파티가 몇 시야?

---

2 **이따가 쇼핑몰에 갈래?**

Wanna go to the mall later?

I'm down with that. 그거 좋지.

What time shall we meet?

우리 몇 시에 만날까?

---

3 **필라테스 수업 들을 거야?**

Are you gonna take Pilates classes?

I'm down for it. 난 좋아.

---

4 **이번 주말에 모두 소풍 가고 싶니?**

Does everyone want to have the picnic this weekend?

We're all down with that!

우리 모두 갈래요!

---

5 **진미도 가고 싶은지 내가 물어볼게.**

I'm going to ask Jinmi if she wants to go, too.

She's probably down with that, too.

아마 그녀도 가고 싶어 할 거야.

비슷한 의미의 표현 | 누군가의 제안에 긍정적으로 대답할 때는 I'd love to.(좋아) I'm looking forward to it.(기대돼)이라고 해요. I'm up for it!도 '좋아!', '찬성이야!'라는 의미가 있으니 기억해 주세요.

59_4.mp3

1   **Do you want to go see a play tonight?**
오늘 밤에 연극 보러 갈래?

좋아.

2   **Do you want to hang out tonight?**
오늘 밤에 같이 놀래?

정말 좋지.

3   **How about ordering a pizza?**
피자 시키는 거 어때?

그래, 피자 좋지.

4   **Who wants to watch the baseball game with me?**
야구 경기 같이 볼 사람?

우리 모두 좋아!

5   **We're playing board games tonight. Wanna join?**
우리는 오늘 밤에 보드게임 하면서 놀 거야. 같이 할래?

나도 보드게임 좋아.

정답: 1. I'm down for it. 2. I'm totally down with that. 3. Yeah, I'm down for pizza. 4. We're all down with that! 5. I'm down for board games.

 케이크 영상을 보며 학습을 마무리하세요.

248 케이크 영어

1   ☺ 좋아! 파티가 몇 시야?

🔊

2   ☺ 우리 모두 갈래요!

🔊

3   ☺ 그거 좋지. 우리 몇 시에 만날까?

🔊

4   ☺ 아마 그녀도 가고 싶어 할 거야.

🔊

5   ☺ 난 좋아.

🔊

정답: 1. I'm down! What time's the party? 2. We're all down with that! 3. I'm down with that. What time shall we meet? 4. She's probably down with that, too. 5. I'm down for it.

60

Can you tell?

티 나요?

영화나 드라마에서 Can you tell?이라고 말하는 장면을 본 적 있나요? 이 표현은 '말할 수 있어?'라는 뜻이 아니라 '티가 나?', '알아보겠어?', '구별이 돼?'라는 의미예요. tell에는 '말하다'라는 뜻 외에도 '구별하다', '알다'라는 의미가 있기 때문이죠. 누군가 Can you tell?이라고 물었을 때 티가 나면 I can tell. 그렇지 않으면 I can't tell.이라고 대답해 보세요.

| ✔ 섀도잉 | 섀도잉으로 핵심 표현을 훈련해보세요. | 60_1.mp3 |

Can you tell?

▶ **따라하기** ☐ ☐ ☐

Can은 대부분 [큰]이라고 발음하지만, Can you는 연음되어 [크뉴]라고 발음해요. tell은 [텔]이 아니라 [테얼]이라고 발음하면서 혀를 윗니 위쪽에 붙여 주세요.

| 💬 대화하기 | 핵심 표현이 실제 대화에서는 어떻게 쓰는지 확인해보세요. | 60_2.mp3 |

A : Jessica, are you having a bad day?
제시카, 오늘 힘든 하루였어?

B : **Can you tell?** 티가 나?

A : It's written all over your face. 네 얼굴에 다 쓰여 있어.

1 **너 머리 잘랐어?**
Did you get a haircut?

> **Can you tell?** 티가 나?
> I didn't think you'd tell the difference.
> 나는 네가 차이를 모를 줄 알았어.

2 **너 살이 좀 빠진 것 같아.**
You look like you've lost some weight.

> **Can you tell?** 티가 나?
> I'm on a diet. 나 다이어트 중이야.

3 **그는 분명히 한국 사람일 거야.**
I'm sure he's Korean.

> **How can you tell?** 네가 어떻게 알아?

4 **나는 주근깨가 정말 너무 많아.**
I have so many freckles.

*freckle 주근깨   **I can't tell at all.** 나는 전혀 모르겠어.

5 **나 살찐 거 티나?**
Can you tell that I gained weight?

> **I can't tell the difference.**
> 나는 차이를 모르겠어.

비슷한
의미의
표현   Can you tell?은 '구분이 돼?', '티가 나?'라는 의미인데요. Is it obvious?라고 해도 같은 뜻이 돼요. 여기서
obvious는 '확실한', '분명한'이라는 뜻이에요.

251

60_4.mp3

1　**Did you change your hairstyle?**
너 머리 스타일 바꿨어?

티가 나?

2　**He has to be Canadian.**
그는 캐나다 사람일 거야.

네가 어떻게 알아?

3　**I got so tanned.**
나 피부가 너무 탔어.

나는 전혀 모르겠어.

＊tanned (피부가) 햇볕에 탄

4　**I think Sunghoon is having a bad day.**
성훈이가 오늘 힘들었나 봐.

나도 알겠더라.

5　**I am 100% sure that he's in his 30s.**
나는 그가 30대라고 100% 확신해.

정말? 나는 구분 못 하겠어.

정답: 1. Can you tell?　2. How can you tell?　3. I can't tell at all.　4. I can tell too.　5. Really? I can't tell that.

 케이크 영상을 보며 학습을 마무리하세요.

1　😊 **티가 나? 나 다이어트 중이야.**

🔊

2　😊 **나는 전혀 모르겠어.**

🔊

3　😊 **티가 나? 나는 네가 차이를 모를 줄 알았어.**

🔊

4　😊 **네가 어떻게 알아?**

🔊

5　😊 **나는 차이를 모르겠어.**

🔊

정답： 1. Can you tell? I'm on a diet.　2. I can't tell at all.　3. Can you tell? I didn't think you'd tell the difference.　4. How can you tell?　5. I can't tell the difference.

61

What's done is done.

이미 끝난 일이야.

What's done is done.은 '이미 끝난 일이다', '이미 지나간 일이다'라는 의미의 표현이에요. 우리도 '엎질러진 물이다'라는 비슷한 표현이 있죠? 주로 실수나 잘못을 했을 때 이미 벌어진 일은 어쩔 수 없으니 털어버리자는 의미로 이 표현을 많이 사용해요. 알아두면 아주 유용한 표현이랍니다.

✓ **섀도잉**   섀도잉으로 핵심 표현을 훈련해보세요.   61_1.mp3

What's done is done.

▶ **따라하기** ☐ ☐ ☐

첫 번째 done을 강조해서 말할 때는 뒤에 있는 is와 연음이 되지 않아요. 하지만 빨리 말하면 done과 is가 연음되어 [더니z]라고 들려요.

💬💬 **대화하기**   핵심 표현이 실제 대화에서는 어떻게 쓰이는지 확인해보세요.   61_2.mp3

A : Why do you look so worried?   너 왜 그렇게 걱정스러운 표정이야?

B : I sent in my application without including a photo of myself.   원서를 내 사진 없이 보냈어.

A : **What's done is done.**   이미 끝난 일이야.

1 이번 학기 성적이 만족스럽지 않아.

I'm not happy with my grades this semester.

What's done is done. 이미 지난 일이야.
You'll do better next time. 다음번에 더 잘할 거야.

2 내 여동생이 제일 좋아하는 책을 내가 잃어버렸어.

I lost my sister's favorite book.

What's done is done. 이미 엎질러진 물이야.
Just tell her the truth. 그냥 사실대로 그녀에게 말해.

3 과학 수업에 빠지지 말았어야 했어.

I shouldn't have skipped the science class.

What's done is done. 이미 지난 일이야.
You can't go back in time. 시간을 되돌릴 수는 없어.

4 죄송해요. 제가 창문을 깼어요.

I'm sorry. I broke your window.

What's done is done. 지나간 일이니 어쩔 수 없구나.

5 로빈, 사라와의 관계를 바로잡을 수 있어?

Robin, can you mend your relationship with Sarah?

I'm afraid what's done is done.
＊mend 개선하다 유감이지만 이미 끝난 일이야.

비슷한 의미의 표현 It's no use crying over spilt milk.은 직역하면 '엎질러진 우유 앞에서 울어봐야 소용없다'라는 뜻으로 '이미 엎질러진 물이다'라는 의미예요. 한번 저지른 일은 다시 바로잡거나 돌이킬 수 없다는 표현이에요.

1　**I'm not happy with my presentation.**

내 발표가 만족스럽지 않아.

61_4.mp3

지난 일이야. 그냥 잊어버려.

2　**Mom, I dropped my phone and it's not working.**

엄마, 제가 핸드폰을 떨어트렸는데 작동하지 않아요

음, 이미 엎질러진 물이네.

3　**What are you going to do about the e-mail you sent?**

네가 보낸 이메일을 어떻게 할 거야?

이미 끝난 일이야.

4　**You can't do anything about it.**

네가 그 일에 대해 할 수 있는 건 없어.

나도 이미 끝난 일인 거 알아.

5　**How can you be so calm after she stole your package?**

그녀가 너의 택배를 훔쳤는데 어떻게 그렇게 차분할 수 있어?

택배는 없어졌고, 이미 지난 일이잖아.

정답 : 1. What's done is done. Just forget it.　2. Well, what's done is done.　3. What's done is done.
4. I know what's done is done.　5. The package is gone, and what's done is done.

 **마무리하기**　케이크 영상을 보며 학습을 마무리하세요.

1 ☺ 이미 지난 일이야. 다음번에 더 잘할 거야.

🔊

2 ☺ 이미 지난 일이야. 시간을 되돌릴 수는 없어.

🔊

3 ☺ 이미 엎질러진 물이야. 그냥 사실대로 그녀에게 말해.

🔊

4 ☺ 유감이지만 이미 끝난 일이야.

🔊

5 ☺ 지나간 일이니 어쩔 수 없구나.

🔊

정답: 1. What's done is done. You'll do better next time. 2. What's done is done. You can't go back in time. 3. What's done is done. Just tell her the truth. 4. I'm afraid what's done is done. 5. What's done is done.

62

Are you with me?

내 말 이해했어?

Are you with me?는 '내 말 이해했어?', '잘 따라오고 있어?'라는 의미로 상대방에게 지금까지 한 말을 잘 이해했냐고 묻는 말이에요. Do you understand?와 의미는 같지만, 상대적으로 덜 기분 나쁜 표현이죠. 그뿐만 아니라 이 표현은 누군가에게 의견을 묻거나 동의를 구할 때도 사용해요. 이때는 '제 말에 동의하시나요?'라는 뜻이 된답니다.

| ✓ 섀도잉 | 섀도잉으로 핵심 표현을 훈련해보세요. | 62_1.mp3 |

Are you with me?

▶ 따라하기 ☐ ☐ ☐

with의 th는 두 가지 소리가 있어요. 첫 번째 th는 three나 thing의 [θ] 소리예요. 두번째는 the나 this의 [ð] 소리예요. 둘 중 발음하기 편한 소리를 선택해 with를 발음해 주세요.

| 💬 대화하기 | 핵심 표현이 실제 대화에서는 어떻게 쓰는지 확인해보세요. | 62_2.mp3 |

A : Now, press down on the strings with these two fingers.
이제 이 두 손가락으로 줄을 누르세요.

B : Um… 그게….

A : **Are you with me?** 제 말 이해하셨나요?

1 **'a'와 'an'의 차이점이 뭐예요?**
What is the difference between 'a' and 'an'?

> They are both articles, but⋯ 둘 다 관사지만⋯
> **Are you with me?** 내 말 이해하고 있어?

2 **다시 말씀해 주시겠어요?**
Can you repeat that, please?

> OK, so when you multiply three digits⋯
> **Are you with me?** 네, 그러니까 세 자릿수를 곱할 때는⋯ 이해하고 있어요?

3 **그러니까 빨간색 버튼을 먼저 누르라는 말씀이시군요.**
So you mean I should press the red button first.

> No, I said press the blue button.
> **Are you with me so far?**
> 아니요, 파란색 버튼을 누르시라고 했어요. 지금까지 제 말 이해되셨어요?

4 **여기에 동의할 수 있을지 저는 잘 모르겠어요.**
I don't know if I can agree to this.

> I need to know. 저는 알아야 해요.
> **Are you with me, or not?** 제 말에 동의하세요, 안 하세요?

5 **바에 가자고 말씀하시는 거예요?**
Are you suggesting we go to a bar?

> **Are you with me?** 저와 함께하실 거예요?

비슷한
의미의
표현
'내 말 잘 이해하고 있어?'라고 물을 때는 Do you understand so far? Are you following me? Are you getting this?라고 해요. 상대방에게 동의를 물을 때는 Do you agree with me?라고 할 수 있어요.

259

62_4.mp3

1   **What page are we on, sir?**

저희가 몇 쪽을 하고 있죠?

89쪽 펴세요. 잘 따라오고 있죠?

2   **Oh, sorry. What did you just say?**

오, 죄송해요. 방금 뭐라고 말씀하셨죠?

빨간불은 정지라고 했어요. 제 말 이해하고 있어요?

3   **What do you think about Helen?**

헬렌에 대해 어떻게 생각해?

그녀는 멋진 것 같아. 동의해?

4   **I don't know. It's a bit risky.**

저는 잘 모르겠어요. 조금 위험 부담이 있네요.

저와 함께하시겠어요, 안 하시겠어요?

＊risky 위험한

5   **Are you going to sue the company?**

회사를 고소하실 거예요?

네, 함께하실래요?

＊sue 고소하다

정답： 1. Open up to page 89. Are you with me?   2. I said a red light means stop. Are you with me?
3. I think she's awesome. Are you with me?   4. Are you with me, or not?   5. Yes, are you with me?

 **마무리하기**   케이크 영상을 보며 학습을 마무리하세요.

1　😊 둘 다 관사지만··· 내 말 이해하고 있어?

🔊

2　😊 제 말에 동의하세요, 안 하세요?

🔊

3　😊 저와 함께하실 거예요?

🔊

4　😊 이해하고 있어요?

🔊

5　😊 지금까지 제 말 이해되셨어요?

🔊

정답： 1. They are both articles, but··· Are you with me? 2. Are you with me, or not? 3. Are you with me? 4. Are you with me? 5. Are you with me so far?

63

Don't let me down.

나를 실망시키지 마.

영화나 드라마에서 Don't let me down.이라고 하는 걸 들어본 적이 있나요? '나를 실망시키지 마'라는 의미인데요. let down은 disappoint(실망시키다)와 같은 뜻이지만, 일상생활에서 더 자주 쓰이는 표현이에요. 목적어는 let과 down 사이에 넣어 let me down(나를 실망시키다), let you down(너를 실망시키다)의 형태로 사용되니 꼭 기억해 주세요.

| ✓ 섀도잉 | 섀도잉으로 핵심 표현을 훈련해보세요. | 63_1.mp3 |

Don't let me down.

▶ 따라하기 ☐ ☐ ☐

let과 me가 만나면 let의 t 발음이 사라져 [레미]라고 발음돼요. 친구들과 문자를 하거나 비공식적으로 쓸 때는 Let me를 Lemme라고 쓰기도 해요.

| 💬 대화하기 | 핵심 표현이 실제 대화에서는 어떻게 쓰는지 확인해보세요. | 63_2.mp3 |

A : We're going to negotiate on the price today.
우리는 오늘 가격 협상을 할 거예요.

B : **Don't let me down.** 저를 실망시키지 마세요.

A : I won't. I'll make sure we don't lose money.
안 그럴게요. 우리가 돈을 잃지 않도록 제가 확실하게 할게요.

1　제가 최선을 다할게요, 엄마. 저를 믿어주세요.
I'll do my best, mom. Trust me.

　　Don't let me down.　나를 실망시키지 말렴.

2　내가 언제나처럼 최선을 다할게.
I'll do my best, as always.

　　I know you will.　네가 그럴 거라는 걸 나도 알아.
　　You never let me down.
　　너는 나를 절대 실망시키지 않잖아.

3　세정이가 정말로 못했어.
Sejung really did a bad job.

　　That's strange.　그것 참 이상하다.
　　She has never let us down before.
　　그녀는 우리를 실망시킨 적이 한 번도 없거든.

4　소피아가 너를 떠났다니 믿기지 않아.
I can't believe Sophia left you.

　　I let her down in a big way.
　　내가 그녀를 크게 실망시켰어.

5　너는 왜 그렇게 열심히 해?
Why are you trying so hard?

　　I don't want to let you down.
　　나는 너를 실망시키고 싶지 않아.

비슷한
의미의
표현

Don't disappoint me.(나를 실망시키지 마)는 대화가 딱딱하고 무겁게 느껴지기 때문에 일상생활에서 많이
사용하지 않아요. 대신 긍정적인 표현 Make me proud.(나를 자랑스럽게 해줘)를 많이 써요.

263

63_4.mp3

1 **Sorry for letting you down.**

너를 실망시켜서 미안해.

다시는 나를 실망시키지 마.

---

2 **I heard Boram left your company.**

보람 씨가 퇴사했다고 들었어요.

네, 저는 그녀에게 정말 실망했어요.

---

3 **Paul was such a disappointment.**

폴한테 정말 실망했어.

그는 우리 모두를 실망시켰어.

---

4 **Never let me down again.**

다시는 나를 실망시키지 마.

너를 다시는 실망시키지 않을게.

---

5 **Your son is studying really hard these days.**

아드님이 요즘 정말 열심히 공부하고 있어요.

그에게 저를 실망시키지 말라고 했거든요.

정답: 1. Don't let me down again. 2. Yes, I was really let down by her. 3. He let us all down. 4. I won't ever let you down again. 5. I told him not to let me down.

 마무리하기 케이크 영상을 보며 학습을 마무리하세요.

1 😊 **나를 실망시키지 말렴.**

   🔊

2 😊 **그녀는 우리를 실망시킨 적이 한 번도 없거든.**

   🔊

3 😊 **내가 그녀를 크게 실망시켰어.**

   🔊

4 😊 **나는 너를 실망시키고 싶지 않아.**

   🔊

5 😊 **너는 나를 절대 실망시키지 않잖아.**

   🔊

정답: 1. Don't let me down. 2. She has never let us down before. 3. I let her down in a big way. 4. I don't want to let you down. 5. You never let me down.

64

I have plans.

나 약속 있어.

'약속'을 표현하는 영어 단어는 여러 가지가 있어요. 예를 들어 친구들과의 약속은 plans라고 해요. 그래서 I have plans.라고 하면 '나 약속 있어'라는 의미가 돼요. 이때는 s를 붙여 꼭 plans라고 해야 해요. 반면 '공식적인 약속'이나 '병원 예약'은 appointment, 누군가와의 '계약'이나 '맹세'는 promise라고 해요. 알맞은 상황에 적절하게 사용해 주세요.

✔ 섀도잉 섀도잉으로 핵심 표현을 훈련해보세요. 64_1.mp3

I have plans.

▶ **따라하기** ☐ ☐ ☐

plans의 s는 [z] 소리로 발음해요. 참고로 I have는 I've라고 줄여서 말하는 경우가 많아요. [아으v]라고 발음한답니다.

💬 대화하기 핵심 표현이 실제 대화에서는 어떻게 쓰는지 확인해보세요. 64_2.mp3

A : Let's go to a concert this weekend. 이번 주말에 콘서트 가자.

B : Sorry. **I have plans this weekend.** 미안. 난 이번 주말에 약속 있어.

A : Really? Let's go the following week then.

그래? 그럼 그다음 주에 가자.

1 **너 크리스마스에 약속 있어?**
Do you have plans for Christmas?

> **Yeah, I have plans with my friends.**
>
> 응, 나 친구들이랑 약속 있어.

---

2 **이번 주 금요일에 만나서 프로젝트를 끝낼까요?**
Should we meet this Friday to finish the project?

> **Sorry, I have plans Friday.**
> How about Thursday?
>
> 미안해요, 금요일에는 약속이 있어요. 목요일은 어때요?

---

3 **저녁에 한잔할래?**
Up for a drink tonight?

> **Sorry, I already have plans tonight.**
>
> 미안, 나는 이미 오늘 밤에 약속이 있어.

---

4 **오늘 만날 수 있는지 민아에게 물어볼까?**
Should I ask Minah if she can meet me tonight?

> **I think she already has plans.**
>
> 그녀는 이미 약속이 있는 것 같아.

---

5 **너 왜 그렇게 화가 났어?**
Why do you look so upset?

> **Noah always has plans whenever I ask him out.** 노아는 내가 물어볼 때마다 항상 약속이 있어.

비슷한 의미의 표현 상대방에게 '약속이 있다'라고 말할 때 가까운 사이에서는 I'm meeting a friend.(저 친구 만나요.)라고 해요. 공식적인 자리에서는 I have a previous engagement.(저는 선약이 있습니다.)라고 한답니다.

64_4.mp3

1　**Do you have plans this Friday?**

너 이번 주 금요일에 약속 있어?

응, 이미 약속이 있어.

2　**Let's meet up sometime this weekend.**

이번 주말에 한번 만나자.

미안, 나는 친구들과 이미 약속이 있어.

3　**Helen asked if you could come to the party tonight.**

네가 오늘 밤 파티에 올 수 있는지 헬렌이 물어봤어.

나는 오늘 밤에 저녁 약속이 이미 있어.

4　**I don't want to go to the party.**

나는 파티에 가기 싫어.

그들에게 다른 약속이 있다고 말해.

5　**Should I ask Jihoon if he can meet me tonight?**

오늘 밤에 만날 수 있는지 지훈이에게 물어볼까?

그는 이미 약속이 있는 것 같아.

정답 : 1. Yeah, I already have plans. 2. Sorry, I already have plans with my friends. 3. I already have plans for dinner tonight. 4. Tell them you have other plans. 5. I think he already has plans.

 **마무리하기**　케이크 영상을 보며 학습을 마무리하세요.

1 😊 미안, 나는 이미 오늘 밤에 약속이 있어.

🔊

---

2 😊 그녀는 이미 약속이 있는 것 같아.

🔊

---

3 😊 나 친구들이랑 약속 있어.

🔊

---

4 😊 미안해요, 금요일에는 약속이 있어요. 목요일은 어때요?

🔊

---

5 😊 노아는 내가 물어볼 때마다 항상 약속이 있어.

🔊

정답: 1. Sorry, I already have plans tonight. 2. I think she already has plans. 3. I have plans with my friends. 4. Sorry, I have plans Friday. How about Thursday? 5. Noah always has plans whenever I ask him out.

65

Do you have Wi-Fi?

여기 와이파이 되나요?

요즘은 어디를 가나 와이파이 덕분에 스마트폰을 자유롭게 사용할 수 있어요. 그렇다면 식당이나 카페에 가서 '여기 와이파이 되나요?'라고 영어로 어떻게 말할 수 있을까요? 간단히 Do you have Wi-Fi?라고 물으면 돼요. 대답할 때는 주로 We have Wi-Fi.(와이파이 돼요.) We don't have Wi-Fi.(저희는 와이파이가 없어요.)라고 한답니다.

✓ 섀도잉　섀도잉으로 핵심 표현을 훈련해보세요.　　　　65_1.mp3

Do you have Wi-Fi?

▶ **따라하기** ☐ ☐ ☐

Wi-Fi를 발음할 때는 [f] 발음에 주의해 주세요. [p]라고 발음하면 why pie라고 들릴 수 있어요.

💬 대화하기　핵심 표현이 실제 대화에서는 어떻게 쓰는지 확인해보세요.　　65_2.mp3

A : The total comes to 5 dollars.　총 5달러입니다.

B : Here's my credit card. **Do you have Wi-Fi?**
　여기 신용카드요. 여기 와이파이 되나요?

A : Yes, we do. The password is 0123.　네, 돼요. 비밀번호는 0123이에요.

---

1 **어떻게 도와드릴까요?**
How can I help you?

Do you have Wi-Fi? 여기 와이파이 되나요?

2 **여기 와이파이 신호가 강해.**
The Wi-Fi signal is strong here.

Do they have Wi-Fi here? 여기 와이파이 있어?
I didn't know that. 나는 그걸 몰랐네.

3 **뭐가 문제야?**
What's wrong?

I can't remember the Wi-Fi password.
Do you have Wi-Fi in your room?
와이파이 비밀번호가 생각이 안 나. 네 방에 와이파이 돼?

4 **실례하지만, 여기 와이파이 되나요?**
Excuse me, do you have Wi-Fi?

I'm sorry, but we don't have Wi-Fi.
죄송하지만, 저희는 와이파이가 없어요.

5 **나는 데이터를 다 썼어.**
I have used up all my data.

Don't worry. 걱정하지 마.
They have free Wi-Fi here.
여기에 무료 와이파이가 있어.

비슷한 의미의 표현 Wi-Fi 대신에 wireless Internet(무선 인터넷)이라는 표현을 쓰기도 해요. Do you have wireless Internet?은 '무선 인터넷 되나요?'라는 뜻이에요.

65_4.mp3

1　What can I help you with?

어떻게 도와드릴까요?

여기 와이파이 되나요?

2　Let's work in that coffee shop.

저 커피숍에서 일하자.

저기는 무료 와이파이가 없는 것 같아.

3　Do you have Wi-Fi?

여기 와이파이 되나요?

공공 와이파이가 있어요.

＊public 공공의

4　What is the Wi-Fi password?

와이파이 비밀번호가 뭐야?

우리 교실에는 와이파이가 없어.

5　When are you going to show me that video?

그 영상 나에게 언제 보여 줄 거야?

지금 와이파이가 안 돼서 못 보여줘.

정답: 1. Do you have Wi-Fi?　2. I don't think they have free Wi-Fi.　3. We have public Wi-Fi.　4. We don't have Wi-Fi in our classroom.　5. I can't show it to you because there's no Wi-Fi.

마무리하기　케이크 영상을 보며 학습을 마무리하세요.

1 ☺ 여기 와이파이 되나요?

2 ☺ 죄송하지만, 저희는 와이파이가 없어요.

3 ☺ 걱정하지 마. 여기에 무료 와이파이가 있어.

4 ☺ 여기 와이파이 있어? 나는 그걸 몰랐네.

5 ☺ 와이파이 비밀번호가 생각이 안 나. 네 방에 와이파이 돼?

정답 : 1. Do you have Wi-Fi? 2. I'm sorry, but we don't have Wi-Fi. 3. Don't worry. They have free Wi-Fi here. 4. Do they have Wi-Fi here? I didn't know that. 5. I can't remember the Wi-Fi password. Do you have Wi-Fi in your room?

66

It is no joke.

장난 아니야.

어떤 일이 심각하거나 웃어넘길 문제가 아닐 때 '장난 아니야'라고 하죠? 영어로는 It is no joke.라고 해요. 어떤 문제가 심각하고 어려워서 막막할 때 자주 쓰는 표현이에요. It's serious. 또는 It's difficult.라고 해도 되지만, It's no joke. 이런 표현 하나쯤 기억해 두는 것도 좋겠죠?

| ✓ 섀도잉 | 섀도잉으로 핵심 표현을 훈련해보세요. | 66_1.mp3 |

It is no joke.

▶ 따라하기 ☐ ☐ ☐

no joke를 강조해서 발음해 주세요. joke는 [조크]가 아니라 [조우ㅋ]라고 발음해요.

| 💬 대화하기 | 핵심 표현이 실제 대화에서는 어떻게 쓰는지 확인해보세요. | 66_2.mp3 |

A : Have you tried the workout I told you yesterday?
내가 어제 말했던 운동 해 봤어?

B : **It's no joke.** 장난 아니더라.

A : I told you it was hard. 내가 어렵다고 했잖아.

1 **이 수학 문제는 영원히 풀어야 할 정도야!**
This math equation goes on for eternity!

　　　　It's no joke. 장난 아니야.
　　　　It's really difficult to solve. 정말로 풀기 어려워.

---

2 **로라가 집에서 나를 또 쫓아냈어.**
Laura kicked me out of the house again.

　　　　I know her temper is no joke.
*temper 성질　　나도 그녀의 성질이 장난 아닌 거 알아.

---

3 **다른 사람에게 돈을 잘못 보냈어요.**
I sent money to the wrong person.

　　　　It's no joke, Emma. 심각해요, 엠마.
　　　　You could get fired for that.
　　　　그것 때문에 당신이 해고당할 수도 있어요.

---

4 **일자리 구했어?**
Did you get a job?

　　　　It's no joke trying to find a job these
　　　　days. 요즘 일자리 구하기가 장난이 아니야.

---

5 **너도 마라톤을 뛰는 게 어때?**
Why don't you run in the marathon, too?

　　　　I don't want to because it's no joke.
　　　　그건 너무 어려워서 나는 안 하고 싶어.

비슷한
의미의
표현　　무언가가 어렵고 힘들 때는 It's difficult. 또는 It's hard.라고 해요. 어떤 일이 심각할 때는 It's serious. 혹은
　　　　It's no laughing matter.(웃을 일이 아니야.)라고 해요.

66_4.mp3

1 **That exam was so difficult.**

그 시험은 너무 어려웠어.

맞아, 장난이 아니더라!

2 **This small mango is more than 10 dollars.**

이 작은 망고가 10달러를 넘어.

요즘 식료품 가격이 장난 아니야.

3 **Bullying should not be taken lightly.**

괴롭힘은 가볍게 다뤄져서는 안 돼.

네 말이 맞아. 괴롭힘은 심각한 문제야.

4 **Honey, should we have another baby?**

자기야, 우리 아기를 또 낳을까?

아이를 기르는 건 정말 어려워.

5 **How about we cook galbi-jjim this time?**

이번에는 우리가 갈비찜을 해보는 게 어때?

진심이야? 그건 정말 어려워.

정답 : 1. Yeah, it's no joke! 2. The food prices are no joke these days. 3. You're right. Bullying is no joke. 4. It's no joke raising a child. 5. Are you serious? It really is no joke.

 마무리하기 케이크 영상을 보며 학습을 마무리하세요.

1 　😊 장난 아니야. 정말로 풀기 어려워.

　　🔊

2 　😊 심각해요, 엠마.

　　🔊

3 　😊 요즘 일자리 구하기가 장난이 아니야.

　　🔊

4 　😊 나도 그녀의 성질이 장난 아닌 거 알아.

　　🔊

5 　😊 그건 너무 어려워서 나는 안 하고 싶어.

　　🔊

정답： 1. It's no joke. It's really difficult to solve.　2. It's no joke, Emma.　3. It's no joke trying to find a job these days.　4. I know her temper is no joke.　5. I don't want to because it's no joke.

67

I'm over it.

이제 괜찮아.

I'm over it.은 힘들었던 일 이후 마음을 추스르며 '이제 괜찮아', '극복했어', '신경 안 써'라고 말하는 표현이에요. 시련을 극복하고 예전의 상태로 되돌아갔다는 뜻이죠. 그뿐만 아니라 어떤 일을 포기하거나 더 이상 관심이 없을 때도 I'm over it.이라고 해요. 누군가와 헤어졌을 때는 대명사를 넣어 I'm over her.(나는 그녀를 잊었어.)이라고 하니 상황에 알맞게 사용해 주세요.

| ✓ 섀도잉 | 섀도잉으로 핵심 표현을 훈련해보세요. | 67_1.mp3 |

I'm over it.

▶ 따라하기 ☐ ☐ ☐

문장 전체가 연음되어 발음하면 [아이모v ㅓ 릿]이 돼요. over를 강조해서 발음해 주세요.

| 💬 대화하기 | 핵심 표현이 실제 대화에서는 어떻게 쓰는지 확인해보세요. | 67_2.mp3 |

A : I heard you broke up with your girlfriend.
　　네가 여자친구랑 헤어졌다고 들었어.

B : Yes, about a month ago. **I'm over it.**　응, 한달 전에. 이제 괜찮아.

A : There's plenty of fish in the pond.　세상은 넓고 여자는 많아.

1 　**너 해고당했어?**
　You got fired?

　　Don't worry. 걱정하지 마.
　　I'm over it. 이제 괜찮아.

2 　**네가 지난달에 차 사고를 당했다고 들었어.**
　I heard you got into a car accident last month.

　　Yeah, I was in the hospital for a month.
　　I'm over it now. 응, 한 달간 병원에 있었어. 지금은 괜찮아.

3 　**민혁이한테 무슨 일 있어?**
　What's wrong with Minhyuk?

　　He failed his test again. 그가 시험에서 또 떨어졌어.
　　He's still not over it. 그가 아직 벗어나지 못한 것 같아.

4 　**네가 그와 헤어졌다니 말도 안 돼.**
　I can't believe he broke up with you.

　　I know. **I'm not over him.**
　　알아. 나는 그를 잊지 못하겠어.

5 　**네가 부상 때문에 더 이상 축구를 하지 못한다고 들었어.**
　I heard you can't play soccer anymore with your injury.

　　I'm over it now. 이제 신경 안 써.
　　I've taken up cycling instead.
　　나는 대신 자전거를 타고 있어.

**비슷한
의미의
표현**　I'm over it.은 힘든 일을 다 이겨내고 이제 괜찮아졌다는 뜻이에요. 간단하게 I'm okay now.(나는 이제 괜
　찮아.)라고 할 수도 있어요. I moved on.은 과거의 힘든 일을 잊고 앞으로 나아간다는 의미예요.

67_4.mp3

1 **I heard you got fired last year.**
네가 작년에 해고당했다고 들었어.

응, 하지만 이제 괜찮아.

2 **You must be devastated.**
너 정말 망연자실했겠다.

그랬는데, 지금은 극복했어.

＊devastated 엄청난 충격을 받은

3 **Are you okay? Your girlfriend left you for that guy!**
괜찮아? 네 여자친구가 그 남자 때문에 너를 떠났잖아!

처음에는 화가 났는데, 이제는 신경 안 써.

4 **Are you really over her?**
너 정말 그녀를 다 잊었어?

나는 아직도 그녀를 잊지 못하겠어.

5 **Are you collecting BTS memorabilia?**
너 BTS 피규어 수집해?

아니, 이제 안 해. 그때는 내가 너무 어렸어.

＊memorabilia 기념품, 수집품

정답: 1. Yeah, but I'm over it.　2. I was, but I'm over it now.　3. I was angry at first, but I'm over it now.　4. I'm still not over her.　5. No, I'm over them. I was too young then.

 **마무리하기**　케이크 영상을 보며 학습을 마무리하세요.

1　☺ 걱정하지 마. 이제 괜찮아.

🔊

2　☺ 그가 아직 벗어나지 못한 것 같아.

🔊

3　☺ 한 달간 병원에 있었어. 지금은 괜찮아.

🔊

4　☺ 나는 그를 잊지 못하겠어.

🔊

5　☺ 이제 신경 안 써. 나는 대신 자전거를 타고 있어.

🔊

정답: 1. Don't worry. I'm over it.　2. He's still not over it.　3. I was in the hospital for a month. I'm over it now.　4. I'm not over him.　5. I'm over it now. I've taken up cycling instead.

68

Are you nuts?

정신 나갔어?

nut은 호두나 땅콩 같은 '견과'를 의미하는데요. Are you nuts?는 무슨 의미일까요? '너 견과류니?'라는 뜻은 아니겠죠? 이 표현은 '너 미쳤어?', '정신 나갔어?'라는 의미예요. 예전에는 '머리'를 속어로 nuts라고 불렀는데요. 그 점에서 유래되어 be nuts가 be crazy의 의미가 되었어요. 참고로 이 표현을 사용할 때는 nut에 항상 s를 붙여야 해요. 꼭 기억해 주세요.

✔ **섀도잉**   섀도잉으로 핵심 표현을 훈련해보세요.   68_1.mp3

Are you nuts?

▶ **따라하기** ☐ ☐ ☐

---

nuts를 강조해서 발음해 주세요. nuts는 [너트스]가 아니라 [넏ㅊ]라고 발음해요.

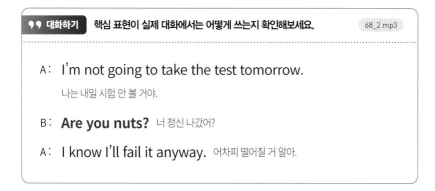

💬 **대화하기**   핵심 표현이 실제 대화에서는 어떻게 쓰는지 확인해보세요.   68_2.mp3

A : I'm not going to take the test tomorrow.
나는 내일 시험 안 볼 거야.

B : **Are you nuts?**   너 정신 나갔어?

A : I know I'll fail it anyway.   어차피 떨어질 거 알아.

1 　**저 벌집에 돌을 던지자.**

Let's throw a rock at that beehive.

Are you nuts?　정신 나갔어?
Those bees will sting us!　저 벌들이 우리를 쏠 거야!

2 　**이 요리에 고추장을 더 넣을까?**

Should I add more hot pepper sauce to the dish?

Are you nuts?　제정신이야?
Do you want to kill people?　사람들을 죽이고 싶은 거야?

3 　**내가 소리를 좀 키워도 될까?**

Is it okay if I turn up the volume?

Turn that radio off.　그 라디오 좀 꺼.
*turn up
(소리를) 높이다
It's driving me nuts.　그거 때문에 내가 미치겠어.

4 　**아빠한테 돈을 더 달라고 여쭤볼 거야.**

I'm going to ask dad for more money.

Are you nuts?　미쳤어?
You already have enough.　너는 이미 충분히 가지고 있잖아.

5 　**나는 사탕만 먹는 다이어트를 할 거야.**

I am going on an all-candy diet.

Seriously, are you nuts?
심각하게 묻는 건데, 정신 나갔어?

비슷한
의미의
표현　누군가에게 '미쳤어?', '제정신이 아니야?'라고 할 때는 Are you crazy? Are you insane? Are you out of your mind?이라고 해요. Are you kooky? 또는 Are you cuckoo?라고 해도 같은 의미랍니다.

283

68_4.mp3

1 **I'm going to transfer to a different college.**

나 다른 대학교로 옮길거야.

정신 나갔어? 너 내년에 졸업하잖아.

＊transfer 옮기다, 이동하다

2 **I'm on my way to ask for a raise.**

저는 월급 인상을 요구하러 가는 중이에요.

당신은 정말 제정신이 아니군요.

3 **James is going to cut class today.**

제임스는 오늘 수업 빼먹을 거야.

그는 정신이 나갔구나.

4 **I'm going to buy a new car.**

나는 차를 새로 살 거야.

미쳤어? 너는 이미 빚이 엄청 많잖아!

5 **I'm dating Chris again.**

나 크리스랑 다시 사귀는 중이야.

너 제정신이야? 그는 너를 두고 바람피웠잖아.

＊cheat on 바람피우다

정답 : 1. Are you nuts? You're graduating next year. 2. You really are nuts. 3. He's nuts. 4. Are you nuts? You already have so much debt! 5. Are you nuts? He cheated on you.

 **마무리하기** 케이크 영상을 보며 학습을 마무리하세요.

1 ☺ 정신 나갔어? 저 벌들이 우리를 쏠 거야!

🔊

2 ☺ 미쳤어? 너는 이미 충분히 가지고 있잖아.

🔊

3 ☺ 제정신이야? 사람들을 죽이고 싶은 거야?

🔊

4 ☺ 심각하게 묻는 건데, 정신 나갔어?

🔊

5 ☺ 그 라디오 좀 꺼. 그거 때문에 내가 미치겠어.

🔊

정답: 1. Are you nuts? Those bees will sting us! 2. Are you nuts? You already have enough. 3. Are you nuts? Do you want to kill people? 4. Seriously, are you nuts? 5. Turn that radio off. It's driving me nuts.

I'm out of here.

나는 이만 갈게.

I'm out of here.는 '나는 이만 갈게'라는 뜻으로 지금 이 순간 여기서 떠난다는 표현이에요. '빨리', '지금 당장'이라는 의미가 문장에 내포되어 있어 그냥 간다고 할 때뿐만 아니라 기분이 나빠서 간다고 할 때도 많이 쓰여요. 참고로 이 표현은 비즈니스 상황에서는 사용하지 않아요. 무례해 보일 수 있으니 적절한 상황에서만 사용해 주세요.

| ✓ 섀도잉 | 섀도잉으로 핵심 표현을 훈련해보세요. | 69_1.mp3 |

I'm out of here.

▶ 따라하기 ☐ ☐ ☐

out of는 [ㄹ] 소리로 연음되어 [아우라]라고 발음돼요. 문장 전체를 발음하면 [아마라히어]가 돼요.

| 💬 대화하기 | 핵심 표현이 실제 대화에서는 어떻게 쓰는지 확인해보세요. | 69_2.mp3 |

A: When do you have to go back? 너는 언제 돌아가야 해?

B: Actually my train is coming in 15 minutes.
I'm out of here. 사실 기차가 15분 뒤에 와. 나는 이만 갈게.

A: Oh, OK. See you! 아, 알았어. 또 보자!

1 👩 **다시 만나서 너무 반가웠어.**

It was so nice meeting you again.

👨 Me too. 나도 그래.

Well, I'm out of here. 그럼, 나는 이만 갈게.

2 👨 **엄마가 곧 오실 거야.**

My mom is coming soon.

👩 OK. **I'm out of here.** 알았어. 이만 갈게.

3 👩 **저녁 같이 먹을래?**

Do you want to stick around for dinner?

👨 Sorry, I have plans tonight. 미안, 오늘 밤에 약속이 있어.
I'm out of here. 이만 갈게.

4 👨 **너는 너무 짜증 나고 못됐어.**

You're so annoying and mean.

👩 I can't believe I have to listen to this.
I'm out of here.
내가 이런 말을 듣고 있어야 한다는 게 믿기지 않아. 나는 이만 갈게.

5 👩 **가능하시다면, 오늘까지 이 일을 끝낼주시겠어요?**

If possible, can you get this done today?

👨 Sorry. **It's 6 o'clock, so I'm out of here.**
죄송해요. 6시여서 저는 이만 가볼게요.

비슷한 의미의 표현 사람들이 헤어질 때 '나 이제 갈게', '그만 가볼게'라고 인사하듯 영어에도 다양한 인사말이 있어요. I have to go. I'm off. Catch you later! 모두 평소에 자주 쓸 수 있는 표현이에요.

69_4.mp3

1 **I have to go. Have a good one!**
나는 가봐야 해. 좋은 하루 보내!

> 나도 나갈 거야.
>

2 **Can you help me with this?**
내가 이거 하는 것 좀 도와줄래?

> 미안, 시간이 늦었어. 나는 이만 갈게.
>

3 **It's already 5 p.m.**
벌써 오후 5시야.

> 이런! 나 갈게!
>

4 **Let's go to the party.**
파티에 가자.

> 미안, 재미가 없어. 나는 이만 갈게.
>

5 **Let me get you some coffee.**
내가 커피 갖다 줄게.

> 버스가 20분 뒤에 와서 이만 갈게.
>

정답: 1. I'm out of here, too. 2. Sorry, It's late. I'm out of here. 3. Oh no! I'm out of here! 4. Sorry, It's not fun. I'm out of here. 5. The bus comes in 20 minutes, so I'm out of here.

 **마무리하기**　케이크 영상을 보며 학습을 마무리하세요.

1　😊 알았어. 이만 갈게.

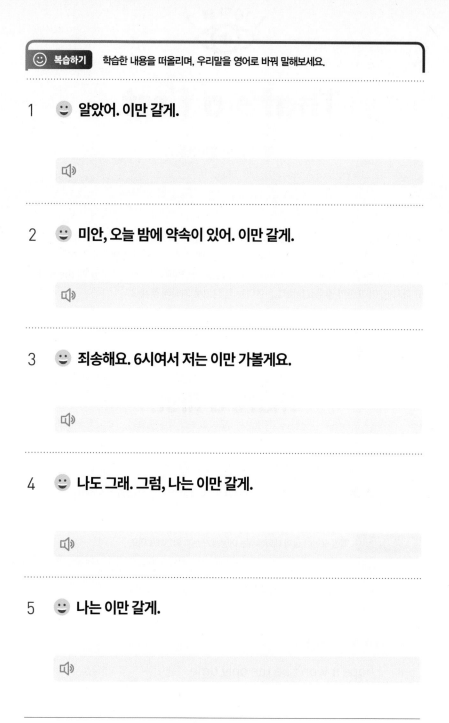

2　😊 미안, 오늘 밤에 약속이 있어. 이만 갈게.

3　😊 죄송해요. 6시여서 저는 이만 가볼게요.

4　😊 나도 그래. 그럼, 나는 이만 갈게.

5　😊 나는 이만 갈게.

정답: 1. OK. I'm out of here.　2. Sorry, I have plans tonight. I'm out of here.　3. Sorry. it's 6 o'clock, so I'm out of here.　4. Me too. Well, I'm out of here.　5. I'm out of here.

That's a first.

처음 있는 일이네.

누군가가 평소에 하지 않던 행동을 하거나 전에 없던 일이 일어날 때 That's a first.라고 해요. '이런 경우는 처음이네', '별일이 다 있네', '처음 듣는 얘기네'라는 의미로 생소하고 처음 보는 것에 대한 놀라움을 드러내는 표현이에요. 원래 first는 '첫 번째'라는 뜻으로 쓰일 때 the first라고 하지만, 이 표현의 경우 a first라고 한다는 점 참고로 기억해 주세요.

✔ 섀도잉	섀도잉으로 핵심 표현을 훈련해보세요.	70_1.mp3

That's a first.

▶ 따라하기 ☐ ☐ ☐

That's a는 연음이 되어 발음하면 [대써]가 돼요. first의 st는 약하게 발음해 주세요.

💬 대화하기	핵심 표현이 실제 대화에서는 어떻게 쓰는지 확인해보세요.	70_2.mp3

A : My husband walked the dogs alone today.
내 남편이 혼자서 개를 산책시키러 갔어.

B : **That's a first!** 처음 듣는 얘기네!

A : I hope it won't be the only time. 이번만이 아니었으면 좋겠어.

1 **어머나! 자기야, 조이가 자기 방을 치웠어.**
Oh my gosh! Honey, Joey cleaned his room.

That's a first. 이런 경우는 처음이네.

2 **지현이가 도서관에 간다고 했어.**
Jihyun said she's going to the library.

That's a first. 처음 듣는 얘기야.
I've never seen her read a book.
그녀가 책을 읽는 건 본 적이 없어.

3 **사장님이 우리 팀 전체에게 월급을 인상해 줬어요!**
My boss gave the whole team a raise!

That's a first. 처음 있는 일이네요.
Let's go and celebrate. 축하 파티해요.

4 **오늘 기영 씨보다 제가 회사에 더 일찍 도착했어요.**
I got to work earlier than Kiyoung today.

That's a first. 이런 경우는 처음이네요.

5 **내가 문자를 보내자마자 그녀가 답장을 보냈어.**
She texted me right after I texted her.

That's a first, isn't it? 처음 있는 일이네. 안 그래?
What did she say? 그녀가 뭐라고 했어?

비슷한 의미의 표현 That's a first.를 긍정적인 의미로 사용할 때는 '드디어 그런 일이 생겼네!'라는 의미로 Finally!와 비슷해요. 하지만 부정적인 의미로 쓰일 때는 '또 그러니?'라는 의미로 Again?이라고 해요.

70_4.mp3

1   Let's go out for lunch. It's my treat.

점심 먹으러 가자. 내가 살게.

이런 경우는 처음이야.

---

2   I rode my bike to work today!

오늘 회사에 자전거 타고 왔어요!

처음 있는 일이네요.

---

3   My girlfriend walked me home yesterday.

내 여자친구가 어제 집에 데려다줬어.

처음 있는 일이네.

---

4   My wife told me I can go on a trip with the guys.

아내가 남자들끼리 여행 가도 된다고 했어.

처음 있는 일이네. 우리 어디 갈까?

---

5   He said he's not going to join us today.

그가 오늘 우리랑 같이 안 간다고 했어.

이런 경우는 처음이네. 그렇지?

정답: 1. That's a first. 2. That's a first. 3. That's a first 4. That's a first. Where should we go? 5. That's a first, right?

 **마무리하기** 케이크 영상을 보며 학습을 마무리하세요.

1 😊 **이런 경우는 처음이네.**

🔊

2 😊 **처음 있는 일이네요. 축하 파티해요.**

🔊

3 😊 **이런 경우는 처음이네요.**

🔊

4 😊 **처음 듣는 얘기야. 그녀가 책을 읽는 건 본 적이 없어.**

🔊

5 😊 **처음 있는 일이네. 안 그래?**

🔊

정답 : 1. That's a first. 2. That's a first. Let's go and celebrate. 3. That's a first. 4. That's a first. I've never seen her read a book. 5. That's a first, isn't it?

요즘 영어

랩천재 영어천재 고등래퍼 하선호와 배우는

So lit!

요즘 × 영어

하선호 지음

It's Gucci!

외우지 않아도 머릿속에 맴도는 **챈트 학습법**으로
미국 1020이 지금 이 순간 쓰는 **진짜 영어**를 배운다!

오디오클립 〈선호 영어〉 QR코드 제공
예문 mp3 파일 무료 다운로드

오디오클립
확인하기

부록

· 예문 mp3 다운로드
· 오디오클립 QR코드

하선호, 모모콘 지음
272쪽 | 14,000원

미국 1020이 지금 이 순간
거리에서, SNS에서 쓰는
'진짜 영어'를 배운다!

난이도	첫걸음	초급	중급	고급		기간	70일

대상 재미있게 영어를 공부하고 싶은 학습자
최신 영어 표현을 배우고 싶은 학습자

목표 지금 미국에서 진짜 쓰는 생생한
영어 표현을 '챈트 학습법'으로 익힌다!